Janine Sebb-Weppler

Geschichte

KOOPERATIV!

Klasse 5/6

Kernthemen des Lehrplans
mit kooperativen Lernmethoden
erfolgreich umsetzen

Auer Verlag

Bildquellenverzeichnis

Seite 11	Kapitolinische Wölfin: © Jastrow, Wikimedia
	Kolosseum: © Ankurgupta208, Wikimedia
	Kolosseum Innenpanorama: © Martin Fallbisona, Wikimedia
Seite 12	Ritterrüstung: © Rama, Wikimedia
	Nürnberg im Mittelalter: © Schedelsche Weltchronik, Wikimedia
Seite 13	Mais: © atos, Fotolia Nr. 37674285
	Tomate: © Luc Viatour, Wikimedia
	Erdnuss: © Benedikt Seidl, Wikimedia
	Orchidee: © Gita Kulinitch Studio, Shutterstock Nr. 94735102
Seite 36	Nilufer: © Elzbieta Sekowska, Shutterstock Nr. 94937941
Seite 65	Ermordung Caesars: © Franciszek Tegazzo, Wikimedia
Seite 69	Völkerwanderung: © Sansculotte, Wikimedia

Gedruckt auf umweltbewusst gefertigtem, chlorfrei gebleichtem und alterungsbeständigem Papier.

1. Auflage 2014
Nach den seit 2006 amtlich gültigen Regelungen der Rechtschreibung

Illustrationen: Corina Beurenmeister, Steffen Jähde, Marion El-Khalafawi, Hendrik Kranenberg, Thorsten Trantow, Bettina Weller
Umschlaggrafik: © Kristina Afanasyeva – Fotolia, © alexghidan89 – Fotolia
Satz: fotosatz griesheim GmbH
Druck und Bindung: Kessler Druck + Medien, Bobingen
ISBN 978-3-403-**07316**-1
www.auer-verlag.de

Vorwort

Was ist kooperatives Lernen?

Beim kooperativen Lernen arbeiten die Schüler[1] als gleichberechtigte Lernpartner in Kleingruppen zusammen. Dabei werden kognitives und soziales Lernen miteinander verbunden: Neben den Lerninhalten kommt den sozialen Prozessen eine besondere Bedeutung zu – die Gruppenmitglieder entwickeln eine positive gegenseitige Abhängigkeit in dem Wissen, dass sie nur als wirkliches Team erfolgreich sein können. In der Kooperation nehmen die Schüler abwechselnd die Rolle eines Lehrenden und die eines Lernenden ein.

Kooperative Arbeitsformen im Unterricht

Kooperatives Lernen stellt eine große Bereicherung für den Unterricht dar: Im Austausch mit anderen erreichen die Schüler ein tieferes Verständnis der Inhalte; sie argumentieren, sie entwickeln und reflektieren Begriffe und Vorgehensweisen, sie vergleichen unterschiedliche Lösungswege und verwenden verschiedene Darstellungsebenen für die Präsentation ihrer Ergebnisse. Wissen wird auf diese Weise flexibler und vom Kontext unabhängiger. Langfristig erlernen die Schüler beim kooperativen Arbeiten die grundlegenden sozialen Kompetenzen, um auch im Team erfolgreich zu arbeiten: sich abzusprechen, sich zu akzeptieren und miteinander zu kooperieren. Fachliches und soziales Lernen werden gleichermaßen gefördert – was auch im zukünftigen Arbeitsleben eine besondere Bedeutung hat.

Weitere Effekte kooperativen Lernens

- Die Schüler entwickeln eine positive Einstellung zum Lerngegenstand.
- Das soziale Klima in der Klasse verbessert sich.
- Die Fähigkeit zum selbstständigen Arbeiten wird auf- und ausgebaut.
- Die Kommunikations- und Kooperationsfähigkeit steigt.
- Das Selbstwertgefühl und die Bereitschaft zur Verantwortungsübernahme steigen an.
- Lernen wird umso effektiver, je aktiver die Schüler bei der Informationsaufnahme tätig sind. Individuelle Lernstrategien können entwickelt und ausprobiert werden. Neue Informationen müssen mit vorhandenen Informationen in Verbindung gesetzt werden.

Die Reihe „Geschichte kooperativ“

Kooperative Arbeitsformen werden im Unterricht häufig aus pragmatischen Gründen vernachlässigt: Es herrscht Unsicherheit bei der Umsetzung der Lernmethoden; der Aufwand für das Erstellen eigener Materialien ist hoch.

Die Reihe „Geschichte kooperativ“ geht genau diese Probleme an und bietet Abhilfe: praxiserprobte Materialien zum schnellen Unterrichtseinsatz mit Hinweisen, wie der Einsatz der Methoden erfolgreich funktioniert. Dabei werden Kernthemen des Lehrplans abgedeckt, die sich optimal für kooperatives Lernen eignen. Die einzelnen Bände bauen aufeinander auf: Bereits verwendete Methoden, mit denen die Schüler schon sicher umgehen können, werden wieder aufgegriffen und mit neuen Methoden kombiniert.

Zur Arbeit mit dem Band

Jedes Thema wird mit einer oder mehreren kooperativen Arbeitsform(en) verknüpft. Die Themen können Einzelstunden oder auch Teil einer Sequenz sein. Im Rahmen jeder Einheit werden der Lehrkraft zunächst die kooperative(n) Lernmethode(n) erläutert und deren Einsatz mit Bezug auf das konkrete Stundenthema begründet. Fachdidaktische Anmerkungen, Tipps und Hinweise zur Durchführung sowie eine Auflistung des benötigten Materials schließen sich an. Entsprechende Kopiervorlagen werden direkt mitgeliefert. So kann fachlich fundiert, aber trotzdem ganz unkompliziert eine Einheit mit kooperativem Lernen umgesetzt werden.

Die im Band verwendeten Methoden werden am Ende des Buches nochmals in kompakten Methodensteckbriefen erklärt und veranschaulicht. Lösungen zu den Arbeitsmaterialien runden den Band ab.

Mit diesen Materialien schaffen Sie erfolgreich eine kooperative Lernkultur, die zum Lernerfolg Ihrer Schüler beiträgt – gerade auch in heterogenen Klassen.

Viel Freude und Erfolg dabei wünschen Ihnen
Janine Sebb-Weppler

[1] Aufgrund der besseren Lesbarkeit ist in diesem Buch mit Schüler auch immer Schülerin gemeint, ebenso verhält es sich mit Lehrer und Lehrerin etc.

Methode

Die Schüler werden mithilfe einer Zeitleiste zu verschiedenen Epochen der Vergangenheit an das Unterrichtsfach Geschichte herangeführt. Hierfür eignet sich die Methode des Gruppenpuzzles, da sie den Unterrichtsgegenstand des Faches widerspiegelt: Einzelne Teile (hier: Epochen) bedingen sich gegenseitig, bauen aufeinander auf und können nicht isoliert voneinander existieren bzw. betrachtet werden. Die einzelnen Gruppen erhalten jeweils eine von fünf Epochen, die insgesamt, im Zusammenspiel einen Überblick über das neue Fach Geschichte vom Beginn der Menschheit bis zur Neuzeit darbieten.

Hinweise/Tipps

Fachdidaktische Anmerkungen

Dieser Band enthält nur Geschichtsthemen der 5. und 6. Klasse. Dennoch werden im Zeitstrahl auch die Epochen Mittelalter und Neuzeit aufgegriffen und eingebaut, obwohl diese erst in höheren Jahrgangsstufen behandelt werden. Dies gewährleistet, dass die Schüler sich einen Gesamtüberblick verschaffen und verstehen, dass Geschichte immer weitergeht und mit der Epoche der Neuzeit nur ein „vorübergehendes Ende" hat.
Bevor Sie sich an die Zeitleiste machen, sollten Sie dafür relevante geschichtliche Begriffe und Abkürzungen mit der Klasse klären und natürlich auch, was ein Zeitstrahl überhaupt ist bzw. was dieser leistet. Zu erläutern sind beispielsweise Bezeichnungen wie „vor Christus" und „nach Christus" sowie unsere Art, Daten zu notieren (z. B. 13.2.14).

Hinweise zur Durchführung

Einige Lehrkräfte lehnen die Methode „Gruppenpuzzle" mit der Begründung ab, dass viele Schüler den Überblick über Stamm- bzw. Expertengruppe verlieren und somit Chaos entsteht. Abhilfe schaffen folgende strukturierende Maßnahmen:

- Verdeutlichen Sie Expertengruppen durch Farben oder Symbole, die die Schüler sichtbar am Körper tragen.
- Visualisieren Sie den Ablauf der Methode mithilfe eines „Methodenplakats", das gut sichtbar im Klassenzimmer aushängt oder via Whiteboard/Overheadprojektor präsentiert wird.
- Leiten Sie einzelne Arbeitsphasen (Wechsel von der Stammgruppe in die Expertengruppe und umgekehrt) durch ein akustisches Signal (Klingel, Glocke o. Ä.) ein. Dies kann auch als festes Ritual in den Unterricht implementiert werden.
- Planen Sie bei der Methode „Gruppenpuzzle" stets Zeitpuffer ein, da die Arbeitstempi der Gruppen meist variieren.

Da die Schüler gerade bei dieser Methode sehr selbstständig arbeiten müssen, indem sie sich neues Wissen aneignen, dieses verinnerlichen, selbst als Experten fungieren und das neu Erworbene weitervermitteln, sollten sie nicht unter Zeitdruck stehen, um die Qualität der Ergebnisse sicherzustellen. Eine einzelne Unterrichtsstunde ist hierbei viel zu wenig. Sehr gut eignen sich zwei Einzelstunden, sodass die Schüler ihre Mitschrift, Stichpunkte und Arbeitsergebnisse als Hausaufgabe zwischen den Stunden noch einmal reflektieren und gegebenenfalls neue Anregungen oder Verbesserungen in die Gruppe einbringen können. Eine Doppelstunde hat den Vorteil, dass „nahtlos" und effektiv über eine relativ lange Zeit gearbeitet werden kann. Unabhängig davon sollten Sie in der ersten Stunde nach einem gemeinsamen Einstieg die Erarbeitung der einzelnen Komplexe in den Expertengruppen angehen, um dann in der nächsten Stunde (bei zwei Einzelstunden nach einer kurzen Wiederholung) die Vermittlung des Wissens in den Stammgruppen anzustreben.
Zur Erarbeitung und Fixierung der Ergebnisse kann in der vorliegenden Unterrichtseinheit die Materialseite 6 (Zeitleiste) verwendet werden. Alternativ ist auch ein Hefteintrag denkbar. Um im Plenum die Ergebnisse besprechen und Nachfragen klären zu können, bietet es sich an, den Zeitstrahl via Whiteboard/Overheadprojektor verfügbar zu haben.

Optional können Sie ergänzend zur Thematik personalisierte Zeitleisten anfertigen lassen: Die Schüler geben dabei wichtige Stationen ihres Lebens von der Geburt bis heute an, inklusive Daten und eventuell mit Bildern veranschaulicht.

Gruppenanzahl/Gruppenkonzeption

- Teilen Sie die Klasse möglichst in Vierergruppen ein (via Zufallsprinzip oder gesteuert, z. B. mithilfe von Spielkarten oder dem Durchzählen der Klasse).
- Achtung: Die Schüler finden sich zunächst nicht in den Expertengruppen zusammen, sondern in den Stammgruppen („bunte Gruppen", von jeder Expertengruppe ein Vertreter)! Die verschiedenen Aufgaben werden kurz gesichtet bzw. verteilt.
- Die Sterne hinter den Themen der Expertengruppen symbolisieren aufsteigend den Schwierigkeitsgrad der Aufbereitung der Themen sowie deren Informationsdichte, sodass es möglich ist, bei der Aufgabenverteilung innerhalb der Stammgruppen zu differenzieren:
  Exp-Gruppe 1: Urgeschichte***
  Exp-Gruppe 2: Frühe Hochkulturen*
  Exp-Gruppe 3: Antike/Altertum***
  Exp-Gruppe 4: Mittelalter**
  Exp-Gruppe 5: Neuzeit*

Material

- Materialseiten 1 bis 5, abhängig von den Gruppengrößen (jeder Schüler erhält ein eigenes Exemplar)
- Materialseite 6
- evtl. Spielkarten/Farbkarten o. Ä. zur Einteilung bzw. Kennzeichnung der Gruppenzugehörigkeit

1 Lies zunächst alleine die Informationstexte aufmerksam. Mache dir gegebenenfalls Randnotizen und unterstreiche Inhalte, die du besonders wichtig findest.

2 Wenn alle Mitglieder eurer Expertengruppe die Texte bearbeitet haben, tauscht ihr euch über den Inhalt aus. An dieser Stelle können Fragen und Unstimmigkeiten geklärt werden. Einigt euch gemeinsam auf Zahlen, die für die Steinzeit wichtig sind, und auf die wesentlichen Inhalte der Texte.

3 Tragt diese Informationen an der richtigen Stelle auf der Zeitleiste ein. Achtung: Ihr seid ein Team, daher solltet ihr den gleichen Inhalt aufschreiben.

Aller Anfang ist schwer – die Urgeschichte der Menschheit
Die Urgeschichte steht am Anfang der Menschheit. Sie lässt sich einteilen in drei Epochen: „Altsteinzeit" (vor ca. 2 Mio. Jahren), „Jungsteinzeit" (ca. 6000 v. Chr.) und „Metallzeit" (ca. 3000 v. Chr.). Die ersten Menschen entwickelten sich jedoch schon vor der Altsteinzeit, man nannte sie „Vormenschen" (vor ca. 4 Mio. Jahren). Während der **Altsteinzeit** waren die Menschen noch Wanderer, sie hatten keinen festen Wohnsitz (Nomaden), zogen umher und stellten mit Holz, Steinen und Teilen der erbeuteten Tiere Waffen her, um zu jagen (Jäger). Außerdem sammelten sie Pilze, Früchte und Beeren im Wald, die ebenfalls wichtige Nahrungsquellen waren (Sammler). Die Menschen lebten in Horden zusammen. Die immer wiederkehrenden Eiszeiten erschwerten das Jagen und Überleben sehr. Diese Episoden machten eine Sesshaftigkeit unmöglich.
Sieh dir die Abbildung an, um noch mehr über das Leben der Altsteinzeitmenschen zu erfahren.

Die sich daran anschließende **Jungsteinzeit** brachte viele Neuerungen mit sich: Vor allem das Wanderleben war beendet, denn die letzte Eiszeit endete vor 12000 Jahren, sodass die Menschen feste Dorfgemeinschaften bildeten, einen Essensvorrat schufen und eigene Tiere bewirteten. Sie lebten als Feldbauern und Tierhalter, pflanzten selbst Dinge an und ernteten diese. Die Bevölkerung stieg durch diese Sicherheiten an und es entstanden immer neue Dörfer.

Sieh dir die Abbildung an, um noch mehr über die neue Lebensweise der Jungsteinzeitmenschen zu erfahren.

Die folgende **Metallzeit** brachte vor allem neue Werkzeuge: Die Entdeckung von Metall führte dazu, dass die Menschen viel stabilere und nützlichere Werkzeuge herstellen konnten, zuerst aus Kupfer („Kupferzeit"), später aus Bronze („Bronzezeit"). Durch die Förderung von Erzen (Metall in Gesteinsarten) konnte auch ein regelrechter „Arbeitsmarkt" entstehen: In einem Bergwerk arbeiteten viele Bergleute, Holzfäller und „Erzzerkleinerer" sowie Männer an Schmelzöfen und für den Transport der Erze. Die Metallzeit war richtig modern im Vergleich zur Alt- und Jungsteinzeit: Man erzeugte Metalle für den Eigenbedarf, den Überschuss vertrieb man an Händler, Schmiede, den Adel oder andere Stellen, sodass Handelsbeziehungen entstanden. Verkehrsnetze breiteten sich aus, Menschen unterschiedlicher Herkunft lernten sich kennen.

Sieh dir die Abbildung an, um etwas über die Förderung von Erzen in der Metallzeit zu erfahren.

1 Lies zunächst alleine den Informationstext aufmerksam. Mache dir gegebenenfalls Randnotizen und unterstreiche Inhalte, die du besonders wichtig findest.

2 Wenn alle Mitglieder eurer Expertengruppe den Text bearbeitet haben, tauscht ihr euch über den Inhalt aus. An dieser Stelle können Fragen und Unstimmigkeiten geklärt werden. Einigt euch gemeinsam auf Zahlen, die für die frühen Hochkulturen wichtig sind, und auf die wesentlichen Inhalte des Textes.

3 Tragt diese Informationen an der richtigen Stelle auf der Zeitleiste ein. Achtung: Ihr seid ein Team, daher solltet ihr den gleichen Inhalt aufschreiben.

Die Welt der Pyramiden und Pharaonen – Frühe Hochkulturen
Die Epoche, die sich an die Urgeschichte anschließt, ist die der „frühen Hochkulturen" und erstreckte sich über einen Zeitraum von 3000 v. Chr. bis 30 v. Chr. Eine solche Hochkultur ist Ägypten. Damit ist gemeint, dass man dort im Vergleich zu anderen Ländern zu dieser Zeit sehr fortschrittlich lebte und arbeitete: Es herrschte eine feste Ordnung im Staat und die Menschen hatten unterschiedliche Aufgaben. Die Ägypter nutzten beispielsweise den Nil als Wasserquelle, Arbeitsstätte und als natürliche Bewässerungsanlage für ihre Felder. Sie erfanden einen ersten Kalender, eine Möglichkeit des schriftlichen Ausdrucks (mithilfe von Schriftzeichen) und der Beruf des Schreibers entstand. Es entwickelte sich in der frühen Hochkultur auch erstmals ein „Schulalltag": Jeder durfte nun die Schule besuchen, allerdings schickte man Mädchen viel seltener dorthin als Jungen.
Es ist die Zeit der Pyramiden, die um 2500 v. Chr. von den Ägyptern gebaut wurden. So beispielsweise die Pyramiden von Gizeh, die zu den bekanntesten Bauwerken der Menschheit gehören und noch heute besichtigt werden können. Sie dienten als Grabmäler für Pharaonen, wie den berühmten Herrscher Tutanchamun, der im Jahr 1323 v. Chr. starb.
Es gab noch viele weitere Hochkulturen, wie die Indus-Kultur oder die Andenhochkultur (in Südamerika).
Sieh dir die Abbildung der Pyramide an, um etwas über deren Bau und Ausstattung sagen zu können.

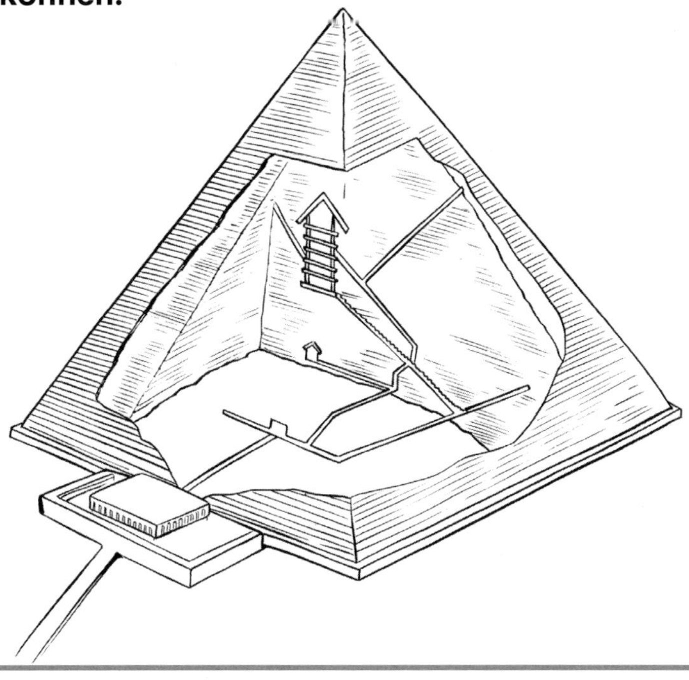

Wir basteln eine Zeitleiste: Antike/Altertum***

1 Lies zunächst alleine die Informationstexte aufmerksam. Mache dir gegebenenfalls Randnotizen und unterstreiche Inhalte, die du besonders wichtig findest.

2 Wenn alle Mitglieder eurer Expertengruppe die Texte bearbeitet haben, tauscht ihr euch über den Inhalt aus. An dieser Stelle können Fragen und Unstimmigkeiten geklärt werden. Einigt euch gemeinsam auf Zahlen, die für die Antike/das Altertum wichtig sind, und auf die wesentlichen Inhalte der Texte.

3 Tragt diese Informationen an der richtigen Stelle auf der Zeitleiste ein. Achtung: Ihr seid ein Team, daher solltet ihr den gleichen Inhalt aufschreiben.

Wiege der Demokratie – Antike/Altertum
Die Zeit der Antike bzw. des Altertums erstreckte sich in etwa von 1200 v. Chr. bis 500 v. Chr. Griechenland war der erste Ort, an dem eine politische Ordnung in Form von vielen kleinen (Stadt-)Staaten („polis") bis hin zu einem großen Staat als Ganzes geschaffen wurde. Unsere heutige Staatsform, die „Demokratie" (= „Herrschaft des Volkes") hat dort ihren Ursprung. Die Idee wurde 500 v. Chr. durch den damaligen Herrscher Kleisthenes vorgebracht, der dem Volk mehr Macht verleihen wollte. Erstmals hatte die Meinung des Volkes eine Aussagekraft und wurde auf Versammlungen angehört. Zwar galt dies im antiken Griechenland erst einmal nur für Männer, aber später änderten sich die Bedingungen und passten sich an.
Ein bekanntes Bauwerk aus dem antiken Griechenland ist die „Akropolis", ein pompöser Tempel zu Ehren der Göttin Athene. Sie wurde 447 v. Chr. – 432 v. Chr. erbaut und wird noch heute von vielen Besuchern aufgesucht und bewundert.
Sieh dir die Abbildung der Akropolis an, um etwas zu deren Architektur sagen zu können.

Das antike Griechenland war die Zeit und der Ort der Götter wie Zeus, Hera und Poseidon sowie deren Sagen und der Olympischen Spiele, die zu Ehren der Götter 776 v. Chr. erstmals stattfanden und auch heute noch alle vier Jahre abgehalten werden. Aber es war auch eine Zeit des Krieges: Alexander der Große (König von Mazedonien) wollte die Idee der griechischen Ordnung und Kultur in der ganzen Welt verbreiten und begann deshalb einen Feldzug, der von 334 v. Chr. – 323 v. Chr. andauerte.

Vom römischen Dorf zum Weltreich – Antike/Altertum
An einem anderen Ort, nämlich in Rom, breitete sich über Hunderte von Jahren (800 v. Chr. – 476 v. Chr.) ein Dorf zu einem Weltreich aus. Die Sage um „Romulus und Remus" erzählt von der Gründung Roms um 753 v. Chr.
Sieh dir die Abbildung der kapitolinischen Wölfin an, um eine bekannte Stelle dieser Sage zu erschließen.

Der Sage nach sollen die vor Hunger schreienden Zwillinge Romulus und Remus von einer Wölfin gesäugt worden sein. Als beide erwachsen waren, sollen sie sich zerstritten haben. Weil Romulus der Stärkere gewesen sein und letztlich seinen Bruder erschlagen haben soll, wurde Rom nach ihm benannt.
Rom entwickelte sich 510 v. Chr. zur „Republik", das heißt, man wollte einen Staat, der eine Angelegenheit aller Bürger ist. Allerdings waren auch im alten Rom die Rechte ungleich verteilt, sodass man das Volk in den Adel (Patrizier) und das arme Volk (Plebejer) einteilte und starke Unterschiede machte.
Andauernde Kriege, wie unter dem berühmten Feldherrn Hannibal (218 v. Chr.– 201 v. Chr.), sorgten über einen Zeitraum von 500 Jahren für die Ausbreitung des Römischen Reiches. Doch die ständigen Kriege verschlechterten die Situation in Rom und die Stimmung der Bevölkerung. Gaius Julius Caesar wurde so 44 v. Chr. von Vertrauten ermordet. Nach Caesars Ermordung wurde Augustus zum Kaiser ernannt, der für eine Zeit des Friedens in Rom sorgte. Schließlich ging das Römische Reich 476 n. Chr. unter.
Sieh dir die aktuellen Bilder des Kolosseums an, um die Größe und Schönheit Roms in der Antike zu erahnen.

Wir basteln eine Zeitleiste: Mittelalter**

1 Lies zunächst alleine den Informationstext aufmerksam. Mache dir gegebenenfalls Randnotizen und unterstreiche Inhalte, die du besonders wichtig findest.

2 Wenn alle Mitglieder eurer Expertengruppe den Text bearbeitet haben, tauscht ihr euch über den Inhalt aus. An dieser Stelle können Fragen und Unstimmigkeiten geklärt werden. Einigt euch gemeinsam auf Zahlen, die für das Mittelalter wichtig sind, und auf die wesentlichen Inhalte des Textes.

3 Tragt diese Informationen an der richtigen Stelle auf der Zeitleiste ein.
Achtung: Ihr seid ein Team, daher solltet ihr den gleichen Inhalt aufschreiben.

Von Religion, Rittern und Städten – das Mittelalter

Nach dem Altertum folgten 1 000 Jahre Mittelalter – das war eine düstere Zeit, die von Glaube und Religion, Todessehnsucht und Seuchen wie der Pest geprägt war. Sie erstreckte sich von 496 n. Chr. bis 1400 n. Chr. und lässt sich einteilen in das „Frühe Mittelalter" (496 n. Chr. – 1075 n. Chr.), das „Hochmittelalter" (1075 n. Chr. – 1300 n. Chr.) und das „Spätmittelalter" (1300 n. Chr. – 1400 n. Chr.).
Das Frühe Mittelalter war vor allem durch Religion und Glaube gekennzeichnet. Das Christentum wurde verbreitet – auch unter Gewalteinfluss: So wurden viele Menschen, wie etwa Bonifatius, bei Versuchen der Bekehrung getötet.
Im Hochmittelalter setzte sich um 1000 n. Chr. eine Neuheit in der Landwirtschaft durch: Die Dreifelderwirtschaft erleichterte den Bauern die Arbeit enorm. Weitere wichtige Erfindungen in der Landwirtschaft begünstigten diesen Fortschritt: Weiterentwicklungen des Pflugs, die Sense und der Kummet sind einige Beispiele. Allerdings war das Leben der Bauern nicht allzu rosig – sie waren zu dieser Zeit unfrei und mussten viel von ihrer Ernte abgeben und ohne Lohn arbeiten. Das Hochmittelalter war auch die Zeit der Ritter, die mit schwerer Ausrüstung gekleidet, Adlige im Kampf begleiteten und dabei oft ihr Leben ließen.
Sieh dir die Abbildung genau an, um einen Eindruck von einer Ritterrüstung zu gewinnen.

Es entstanden viele Städte, wo sich Handel breit machte und Märkte abgehalten wurden. Allerdings waren die hygienischen Bedingungen mehr als dürftig, sodass schwere Krankheiten wie die Pest wüteten. Die Pest fand zwischen 1347 n. Chr. und 1353 n. Chr. im Spätmittelalter ihren Höhepunkt und sorgte für eine regelrechte Ausrottung ganzer Städte. Auch Krankheiten wie Lepra verkleinerten die Bevölkerung und sorgten für die Ausgrenzung von Kranken.

1 Lies zunächst alleine den Informationstext aufmerksam. Mache dir gegebenenfalls Randnotizen und unterstreiche Inhalte, die du besonders wichtig findest.

2 Wenn alle Mitglieder eurer Expertengruppe den Text bearbeitet haben, tauscht ihr euch über den Inhalt aus. An dieser Stelle können Fragen und Unstimmigkeiten geklärt werden. Einigt euch gemeinsam auf Zahlen, die für die Neuzeit wichtig sind, und auf die wesentlichen Inhalte des Textes.

3 Tragt diese Informationen an der richtigen Stelle auf der Zeitleiste ein.
Achtung: Ihr seid ein Team, daher solltet ihr den gleichen Inhalt aufschreiben.

Entdeckungen, Erfindungen und eine ganz neue Welt – die Neuzeit
Der Begriff „Neuzeit" sagt bereits aus, dass es sich um die „neuste Epoche" handelt und man daher (noch) keinen zeitlichen Rahmen dazu stecken kann. Allerdings kann man sagen, dass die Neuzeit um 1500 n. Chr. begonnen hat. Gekennzeichnet war bzw. ist die Epoche vom neuen Denken – man erkannte, dass die Welt keine Scheibe, sondern eine Kugel ist. Galileo Galilei wurde jedoch für dieses Gedankengut um 1633 hingerichtet, da man ihm noch keinen Glauben schenkte und ihn als Ketzer bezeichnete.
Vergleiche die beiden Weltbilder, denen man vor bzw. nach Galileis Hinrichtung Glauben schenkte.

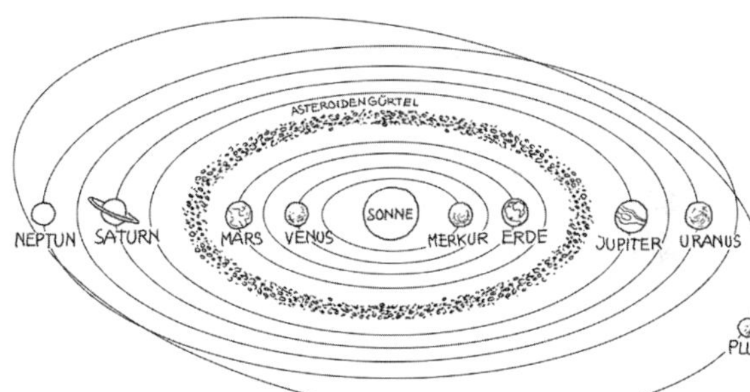

Aber auch die zeitlich davor liegende Erfindung des Buchdrucks durch Johannes Gutenberg brachten die Zeitung sowie neue Berufe (Drucker, Buchbinder oder Schriftgießer) mit sich. Über neu entdeckte Seewege wurde eine völlig „neue Welt" entdeckt: 1487 umsegelte Diaz die Südspitze Afrikas, die „Kap der guten Hoffnung" getauft wurde. Kolumbus suchte 1492 eigentlich einen Weg nach Indien, fand aber Amerika. Infolge solcher und weiterer zahlreichen Entdeckungen wurden neue Länder und Inseln erobert, Einheimische in Gefangenschaft genommen und Pflanzen sowie Früchte aus der „neuen Welt" in die Heimat verschifft.
Sieh dir die Früchte und Pflanzen an, um dir einen Überblick davon zu verschaffen, was über den Seeweg aus der „neuen Welt" importiert wurde.

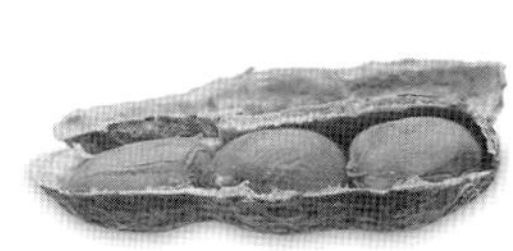

Wir basteln eine Zeitleiste: Vorlage

1. Urgeschichte	2. Frühe Hochkultur	3. Antike/Altertum	4. Mittelalter	5. Neuzeit
(_______–_______)	(_______–_______)	(_______–_______)	(_______–_______)	(_______–_______)

1. Schneidet die Zeitleiste aus und klebt sie auf ein leeres Blatt Papier.
2. Nachdem ihr die Infotexte gelesen und euch darüber ausgetauscht habt, findet jetzt die richtige Stelle für eure Epoche auf der Zeitleiste.
3. Tragt den Zeitrahmen in die Klammer ein und ergänzt unter dem Pfeil die wichtigsten Daten und geschichtlichen Ereignisse. Zieht weitere Schreiblinien, wenn euch die vorgegebenen nicht ausreichen.
4. Schneidet das Bild, das zu eurer Epoche passt, aus und klebt es unter eure Informationen.
5. Ordnet auch die anderen Bilder den entsprechenden Epochen zu.

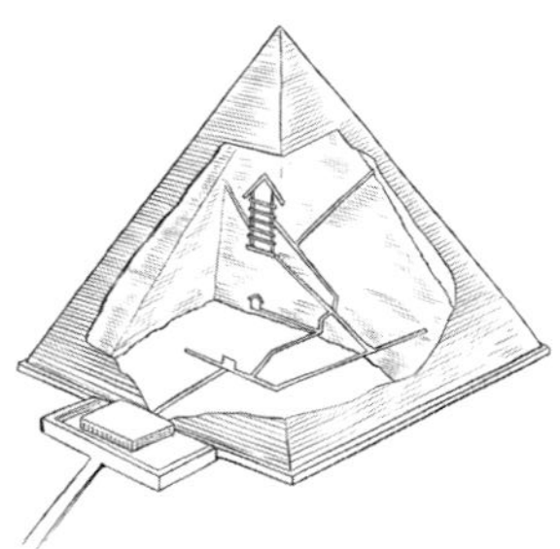
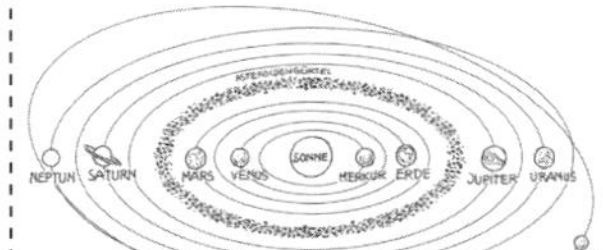

Methode

Die gegenseitige Abhängigkeit der Urmenschen und die damit verbundene Rollenverteilung werden mithilfe eines Rollenspiels fiktiv erlebt. Bei der Vorbereitung in Gruppen können die Schüler sich gegenseitig helfen und unterstützen. Eine Variante wäre, die Schüler in nur zwei Gruppen einzuteilen und dann die Rollen individuell, getrennt voneinander einzustudieren. Allerdings entfällt bei einer derartigen Vorbereitungsphase jegliche Kommunikation und gegenseitige Hilfe, die beim kooperativen Lernen aber eine essenzielle Rolle spielen.

Hinweise/Tipps

Fachdidaktische Anmerkungen

Da die Menschen in der Altsteinzeit noch nicht mit einer Sprache miteinander kommunizieren konnten, die mit unseren heutigen Sprachen vergleichbar ist, sondern sich einfacher Laute und Gestik bedienten, steht dies natürlich im Widerspruch zum verbalen Austausch im Rollenspiel. Daher sollte dies auf jeden Fall thematisiert werden, damit die Schüler keine falschen Schlüsse ziehen.

Ob in der Steinzeit Frauen und Männer unterschiedliche Aufgaben hatten, ist in der Forschung umstritten. Diese Übung geht von einer klassischen Rollenverteilung aus (Frauen = Sammler, Männer = Jäger), die man sich hier zunutze machen und geschlechtergetrennte Gruppen bilden kann, aber nicht muss. Egal, für welche Variante Sie sich entscheiden, sollte diese klassische Rollenverteilung im Vergleich zur Moderne ebenfalls zum Gesprächsthema werden.

Hinweise zur Durchführung

Sie sollten bei dieser Methode zwei Unterrichtsstunden bzw. eine Doppelstunde einplanen. In der ersten Stunde bereiten Sie den Lernweg der Schüler durch einen geeigneten thematischen Einstieg vor. Dies könnten beim Thema „Jäger und Sammler“ Abbildungen als stumme Impulse sein. Lassen Sie anschließend die Schüler in Gruppen ihre Rollen vorbereiten und sich in sie hineinfinden. In der zweiten Stunde sollten die Gruppen dann noch einmal zusammenkommen, um sich abzusprechen. Es folgen die Präsentation und zum Ende der Stunde eine gemeinsame Reflexion. Zwei Einzelstunden haben den Vorteil, dass die Schüler als Hausaufgabe mögliche Utensilien (Früchte/Beeren, Holzstücke, Steine o. Ä.) mitbringen können, bevor sie in der zweiten Stunde ihr Rollenspiel präsentieren. Natürlich kann auch die Lehrkraft eine Art „Fundbox“ zur Verfügung stellen. Requisiten helfen den Kindern, sich in ihre Rolle einzufinden.

Einige Lehrkräfte lehnen Rollenspiele im Unterricht mit der Begründung ab, man könne den Lernzuwachs nicht in Form einer Sicherung im Heft festhalten. Beachtet man bei der Präsentation von Rollenspielen jedoch folgende Aspekte, gelingen diese in der Regel und brauchen nur einige Übung, um sich zu einem „Selbstläufer“ zu entwickeln:

- Halten Sie im Vorfeld Regeln fest, die während der Präsentation für alle gelten (z. B. nicht zu sprechen, Fragen nur im Anschluss zu stellen und die Spieler nicht zu unterbrechen).
- Verwenden Sie den Beobachtungsbogen (Materialseite 3). Dieser gewährleistet eine wertschätzende Präsentation der Arbeit der Schüler. Außerdem wird sichergestellt, dass gewisse Punkte angesprochen werden, die für ein produktives Arbeiten unerlässlich sind (auf der Wissensebene, aber auch auf der Handlungsebene). Der Beobachtungsbogen ermöglicht darüber hinaus, die Schüler, die gerade nicht präsentieren, sinnvoll in den Ablauf einzubinden. Dass bei einer Klassenstärke von ca. 30 Kindern natürlich nicht jeder vor der Klasse seine Rolle vorstellen kann, liegt in der Natur der Sache. Eine zu sehr ausgedehnte Präsentationsphase hätte Langeweile und dadurch bedingte Unruhe zur Folge. Die restlichen Klassenmitglieder, die Beobachter, haben einen konkreten Beobachtungsauftrag, den sie erledigen müssen. Ratsam ist es dabei, den Schülern direkt im Anschluss an eine Rollenspiel-Präsentation einige Minuten Zeit zu lassen, um den Beobachtungsbogen weiter auszufüllen, zumal es vielen Kindern schwerfällt, zuzuhören, zuzusehen und gleichzeitig Notizen anzufertigen.

- Die Beobachtungsbögen lassen sich im Anschluss im Plenum besprechen, sodass eine gelungene Abrundung des Stundenthemas erfolgt.

Da sich einige Schüler vermutlich schämen, eine Rolle vor der Klasse zu spielen, sollte man nur Freiwillige präsentieren lassen und niemanden dazu zwingen. So werden auch mögliche Hänseleien vermieden.
Um einen Rahmen vorzugeben, bietet die Situationskarte einen passenden Einstieg in das Rollenspiel. Die Lehrkraft sollte diesen vorlesen.

Gruppenanzahl/Gruppenkonzeption

- Möglichkeiten der Gruppeneinteilung sind die Verteilung von Spiel- oder Farbkarten oder einfaches „Durchzählen" der Schüler.
- Im Optimalfall bilden vier Schüler eine Gruppe. Bevor aufgrund der Schülerzahl eine Gruppe mit fünf oder sechs Mitgliedern übrig bleibt, sollten lieber noch eine oder zwei kleinere Gruppen gebildet werden. Denn bei zu vielen Schülern in einem Team ist eine produktive Kommunikation nicht mehr gewährleistet.
- Achten Sie darauf, dass allgemein gültige Regeln für eine Gruppenarbeit eingehalten werden. Ebenso sollte eine entsprechende Sitzordnung an Gruppentischen geschaffen werden. Kein Kind sollte mit dem Rücken zur Tafel sitzen, um die volle Aufmerksamkeit zu gewährleisten, falls Sie die Arbeit doch einmal unterbrechen müssen, um etwas zu erklären.

Material

- Materialseite 1 oder 2 je Gruppe
- Materialseite 3 (Beobachtungsbogen)
- Situationskarte (s. unten) für die Lehrkraft

Situationskarte: Willkommen in der Altsteinzeit!

Die Sammler(innen) sind von ihrem Streifzug durch Wiesen und Wälder zurückgekehrt. Als sie das Lager betreten, sehen sie schon die Jäger, die bereits am Feuer sitzen und ein Mammut mit Steinkeil und anderem Werkzeug bearbeiten. Der warme Dampf in der Luft zeigt an, dass die Beute relativ frisch sein muss.
Einer der Jäger tritt an die Trinkstelle heran, um sich zu erfrischen. Eine Sammlerin kommt hinzu. Sie wollen sich über ihre Taten und Erfolge austauschen ...

Jagen und Sammeln – das Leben in der Altsteinzeit: Ihr seid Jäger! 1

1 Jeder von euch schlüpft in die Rolle eines Frühmenschen, der vor 800 000 Jahren in Europa gelebt hat. Lest euch die Erzählung durch, damit ihr versteht, wer ihr wirklich seid.

2 Tauscht euch im Anschluss daran im Team aus, indem ihr zu den unten abgedruckten Stichwörtern eure Leseerfahrungen miteinander teilt.

3 Bereitet das Rollenspiel vor – ihr habt den Rest der Stunde dafür Zeit. Jeder von euch sollte die Rolle des Jägers bei der Rückkehr in das Lager vor der Klasse spielen können.

Barfuß lauft ihr über die saftig grünen Wiesen. Die Umgebung blüht und Tiere beginnen nach dem harten Winter endlich wieder, draußen nach Futter zu suchen. In den vergangenen Monaten war die Jagd weniger erfolgreich für euch gewesen. Es war so kalt, dass viele Tiere sich nicht außerhalb ihres Rückzugsortes blicken ließen und ihr oft ohne Beute zurückgekehrt seid.

Ihr steht hinter Bäumen versteckt und beobachtet die Mammute, die nur einige Meter von euch entfernt grasen. Ihr wisst, dass ihr vorsichtig sein müsst, denn bei jedem noch so kleinen Geräusch wird die Herde aufschrecken und das Weite suchen. Die Jagd nach Mammuten ist jedoch leichter als die nach Füchsen, Rentieren oder anderem Wild, denn sie sind schwerfälliger und langsamer in ihren Bewegungen. In der rechten Hand hält jeder von euch einen Speer. Diese sind am Vorabend mithilfe von Steinen angespitzt worden und dienen als Waffe. Ihr wartet alle auf das Signal des Mannes, der ganz vorne steht: Schlägt er zwei kleine Steine aneinander, bedeutet dies „Angriff“. Wenn dieses Signal ertönt, lauft ihr geradewegs auf die Herde zu. Die Mammute bemerken euch sofort und flüchten. Nur ein Mammut verliert die Herde und läuft langsam hinterher.

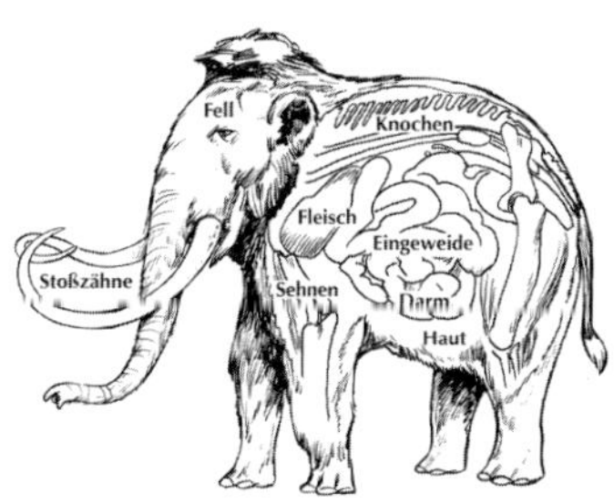

Es lahmt. Ihr wisst, dass dieses Mammut eure Chance ist. Ihr schleudert eure Speere und trefft das Tier an Rücken und Seite. Es schwankt und fällt zu Boden. Einer von euch erlegt es schließlich mit einem Keulenschlag. Zu viert zieht ihr das schwere Tier in euer Lager.
Dort angekommen öffnet ihr mit dem Faustkeil (einem sehr spitzen Stein) das erlegte Tier, indem ihr das Fell mit der darunterliegenden Haut aufschneidet. Ihr wollt so viel wie möglich von dem Mammut verwenden, denn alles lässt sich gebrauchen. Teile wegzuwerfen, wäre Verschwendung.

Tauscht euch aus über ...

- ... Vorgehen bei der Jagd
- ... Verwertung
- ... Werkzeug
- ... Beute
- ... Jagd und Jahreszeit
- ... Rolle/Tätigkeit

2 Jagen und Sammeln – das Leben in der Altsteinzeit: Ihr seid Sammler!

1 Jeder von euch schlüpft in die Rolle eines Frühmenschen, der vor 800000 Jahren in Europa gelebt hat. Lest euch die untere Erzählung durch, damit ihr versteht, wer ihr wirklich seid.

2 Tauscht euch im Anschluss daran im Team aus, indem ihr zu den unten abgedruckten Stichwörtern eure Leseerfahrungen miteinander teilt.

3 Bereitet das Rollenspiel vor – ihr habt den Rest der Stunde dafür Zeit. Jeder von euch sollte die Rolle des Sammlers bei der Rückkehr in das Lager vor der Klasse spielen können.

Barfuß lauft ihr in der Horde von 20 Mitgliedern über die saftig grünen Wiesen. Die Umgebung blüht und Sträucher sowie Bäume tragen endlich wieder Früchte und Beeren. Der Winter war hart und brachte keine Erträge: Die Bäume waren kahl, Früchte gab es nicht. Während ihr die vor euch liegenden Kleinsträucher von den kleinen roten Beeren befreit, werdet ihr auf die Pilze in der Umgebung aufmerksam. Auch sie werden gesammelt, um später gegessen zu werden. In dem angrenzenden Waldstück sind immer Nüsse zu finden. Außerdem gibt es dort genügend Äste und Zweige, die für das Feuer am Lagerplatz unerlässlich sind, denn das Feuer ist unverzichtbar. Ihr benötigt es nicht nur zur Zubereitung eurer Nahrung, es spendet auch Licht und Wärme. Außerdem ist es eine Waffe und hält wilde Tiere von euch fern. Ihr könnt neben Pflanzlichem auch Tiere einsammeln: Eidechsen laufen die Bäume hoch, Schnecken und Insekten finden sich im Unterholz. All das ist wertvolle Nahrung, die es mitzunehmen gilt. Seid fleißig, denn ihr wisst nicht, ob die Jäger heute erfolgreich sein werden.

Damit ihr wisst, welche Dinge gut oder weniger gut/bitter schmecken, welche Pilze und Pflanzen giftig sind und euch sowie der Horde schaden, müsst ihr euch viel Wissen über die Natur aneignen. Dies ist nur durch Probieren (riechen und schmecken) möglich.

Mit der umfangreichen Ausbeute macht ihr euch zurück zum Lager auf, in der Hoffnung, dass die anderen auch ein Tier erlegen und mitbringen konnten.

Tauscht euch aus über ...

... Verwertung

... Werkzeug

... Bedeutung des Feuers

... Ausbeute

... Wissen über die Natur

... Sammeln und Jahreszeit

... Rolle/Tätigkeit

1. Inhalt

Was hast du über die Aufgaben der Sammler bzw. der Jäger erfahren?
Schreibe <u>nur</u> Informationen zu der Rolle mit, die du <u>nicht</u> vorbereitet hast.
Notiere während des Rollenspiels auch, welche Inhalte der Darsteller <u>deiner</u> Rolle vergessen hat.
Ergänze erst <u>nach dem Rollenspiel</u> die Inhalte deiner eigenen Rolle.

Jäger	Sammler
Rolle/Tätigkeit: ____________________	Rolle/Tätigkeit: ____________________
Beute: ____________________	Ausbeute: ____________________
Werkzeug: ____________________	Werkzeug: ____________________
Vorgehen bei der Jagd: ____________________	Wissen über die Natur: ____________________
Jagd und Jahreszeit: ____________________	Sammeln und Jahreszeit: ____________________
Verwertung: ____________________	Verwertung: ____________________
Bei meiner Rolle fehlte:	

2. Methode

Was hat dir an dem Rollenspiel am besten gefallen?

____

____

Was hat dir an dem Rollenspiel am wenigsten gefallen?

____

____

Bewerte das Rollenspiel mithilfe der abgebildeten Smileys.
Begründe deine Bewertung auf der Rückseite.

Methode

Die Jungsteinzeit brachte im Vergleich zur Altsteinzeit grundlegende Veränderungen mit sich und machte das Leben durch die Tätigkeit der ersten Bauern und Viehhalter sowie durch den ersten Haus- und Ackerbau vielschichtig. Diese zahlreichen verschiedenen Aspekte lassen sich mit der Methode „Gruppenpuzzle“ optimal in einem angemessenen zeitlichen Rahmen aufzeigen und durch selbstständiges Lernen erfahren. Jedes Gruppenmitglied leistet einen Beitrag, um die verschiedenen Facetten der Jungsteinzeit nachempfinden zu können und so zu verstehen, welche große Veränderung die Menschen zu dieser Zeit erlebten.

Hinweise/Tipps

Fachdidaktische Anmerkungen

Fachlich ist es enorm wichtig, auch die Eiszeit und Mittelsteinzeit – zumindest in Ansätzen – mit in diesen Themenblock einzubeziehen. Daher beschäftigt sich eine Expertengruppe damit. Entscheidend ist, dass man den „Übergang“ von der Alt- zur Jungsteinzeit nur dann richtig nachvollziehen kann, wenn man über die Eiszeit und deren Folgen Bescheid weiß. Die Eiszeit ist die Antwort auf die Frage, weshalb die Menschen sich auf einmal so stark umorientierten und eine völlig andere Lebensweise an den Tag legten. Um geschichtliche Zusammenhänge zu verstehen, ist dieses Verständnis unabdingbar.

Hinweise zur Durchführung

Einige Lehrkräfte lehnen die Methode „Gruppenpuzzle“ mit der Begründung ab, dass viele Schüler den Überblick über Stamm- bzw. Expertengruppe verlieren und somit Chaos entsteht. Abhilfe schaffen folgende strukturierende Maßnahmen:

- Verdeutlichen Sie Expertengruppen durch Farben oder Symbole, die die Schüler sichtbar am Körper tragen.
- Visualisieren Sie den Ablauf der Methode mithilfe eines „Methodenplakats“, das gut sichtbar im Klassenzimmer aushängt oder via Whiteboard/Overheadprojektor präsentiert wird.
- Leiten Sie einzelne Arbeitsphasen (Wechsel von Stammgruppe in die Expertengruppe und umgekehrt) durch ein akustisches Signal (Klingel, Glocke o. Ä.) ein. Dies kann auch als festes Ritual in den Unterricht implementiert werden.
- Planen Sie bei der Methode „Gruppenpuzzle“ stets Zeitpuffer ein, da die Arbeitstempi der Gruppen meist variieren.

Da die Schüler gerade bei dieser Methode sehr selbstständig arbeiten müssen, indem sie sich neues Wissen aneignen, dieses verinnerlichen, selbst als Experten fungieren und das neu Erworbene weitervermitteln, sollten sie nicht unter Zeitdruck stehen, um die Qualität der Ergebnisse sicherzustellen. Eine einzelne Unterrichtsstunde ist dabei viel zu wenig. Hier bietet sich eine Doppelstunde an, genauso kann jedoch das Thema auf zwei einzelne Unterrichtsstunden aufgeteilt werden: Nach der vertieften Erarbeitung der einzelnen Komplexe in den Expertengruppen lässt sich ein Schnitt machen, sodass in die Folgestunde durch ein kurzes Wiederholen in den Gruppen eingestiegen werden kann. Die zweite Stunde beschäftigt sich dann mit der Vermittlung des Wissens in den Stammgruppen und dem Festhalten des neu Gelernten auf dem Protokollbogen. Alternativ können die Ergebnisse in einem Hefteintrag festgehalten werden.

Gruppenanzahl/Gruppenkonzeption

- Teilen Sie die Klasse möglichst in Vierergruppen ein (via Zufallsprinzip oder gesteuert, z. B. mithilfe von Spielkarten oder dem Durchzählen der Klasse).
- Achtung: Die Schüler finden sich zunächst nicht in den Expertengruppen zusammen, sondern in den Stammgruppen („bunte Gruppen“, von jeder Expertengruppe ein Vertreter)! Die verschiedenen Aufgaben werden kurz gesichtet bzw. verteilt.

- Die Sterne hinter den Themen der Expertengruppen symbolisieren aufsteigend den Schwierigkeitsgrad der Aufbereitung der Themen sowie deren Informationsdichte, sodass es möglich ist, bei der Aufgabenverteilung innerhalb der Stammgruppen zu differenzieren:
  Exp-Gruppe 1: Die Eiszeit und ihre Folgen**
  Exp-Gruppe 2: Viehzucht und Ackerbau***
  Exp-Gruppe 3: Dörfer entstehen – die Menschen werden sesshaft**
  Exp-Gruppe 4: Erfindungen in der Jungsteinzeit*

Material

- Materialseiten 1 bis 4, abhängig von den Gruppengrößen (jeder Schüler erhält ein eigenes Exemplar)
- Materialseite 5 (Protokollbogen)
- evtl. Spielkarten/Farbkarten o. Ä. zur Einteilung bzw. Kennzeichnung der Gruppenzugehörigkeit

Hausbau und Tierhaltung – das Leben in der Jungsteinzeit: Die Eiszeit und ihre Folgen**

1 Lies zunächst alleine die Beobachtungen des Zeitreisenden „Herr von Stein“ aufmerksam. Mache dir gegebenenfalls Randnotizen und unterstreiche Inhalte, die du besonders wichtig findest.

2 Wenn alle Mitglieder eurer Expertengruppe den Text bearbeitet haben, tauscht ihr euch über den Inhalt aus. An dieser Stelle können Fragen und Unstimmigkeiten geklärt werden. Einigt euch gemeinsam auf die wichtigsten Inhalte des Textes und haltet sie auf dem Protokollbogen fest.
Achtung: Ihr seid ein Team, daher solltet ihr den gleichen Inhalt aufschreiben.

Der Zeitreisende „Herr von Stein“ erzählt ...
Vor ca. 100 000 Jahren stellte das Klima die Altsteinzeitmenschen vor große Herausforderungen: Dadurch, dass die Winter sehr lang waren (Sommer und Frühling dauerten nur wenige Wochen) und starke Kälte mit sich brachten, mussten sich die Menschen entsprechend anpassen, um ihr Überleben zu sichern. Sie zogen sich in Höhlen zurück und nutzten vor allem Tierfelle, um sich vor der Witterung zu schützen. Durch das Feuer konnten sie sich nun ebenfalls wärmen. Vor einem großen Problem standen die Menschen vor allem, da es bei der Kälte keine Beeren und Früchte gab. So mussten sie vermehrt jagen, denn viele Tiere hatten sich an die Kälte angepasst und es gab sie in ausreichender Zahl. So folgten Jäger den Tieren und auch die Lager wurden immer wieder an neuen Orten aufgeschlagen.

Um etwa 9500 v. Chr. wurde es wärmer und die Gletscher schmolzen. Wälder wuchsen heran und die Tiere, die sich vorher an die kalten Bedingungen gewöhnt hatten, wanderten in kalte Regionen oder starben ganz aus. Hierzu gehörte auch das Mammut. Wildtiere, wie Rotwild und Wildschwein, siedelten sich jedoch in den Laubwäldern an. So musste sich auch der Mensch in dieser Zeit („Mittelsteinzeit“) anpassen und die Jagdmethoden ändern. Pfeil und Bogen oder Steinspitzen wurden verwendet, um Tiere zu erlegen.

1 Lies zunächst alleine die Beobachtungen des Zeitreisenden „Herr von Stein“ aufmerksam. Mache dir gegebenenfalls Randnotizen und unterstreiche Inhalte, die du besonders wichtig findest.

2 Wenn alle Mitglieder eurer Expertengruppe den Text bearbeitet haben, tauscht ihr euch über den Inhalt aus. An dieser Stelle können Fragen und Unstimmigkeiten geklärt werden. Einigt euch gemeinsam auf die wichtigsten Inhalte des Textes und haltet sie auf dem Protokollbogen fest.
Achtung: Ihr seid ein Team, daher solltet ihr den gleichen Inhalt aufschreiben.

Der Zeitreisende „Herr von Stein“ erzählt ...
Die Beschäftigungen, der die Menschen um 9000 v. Chr. nachgingen, unterscheiden sich völlig von denen in der Altsteinzeit. Damals sind Männer – wie ihr wisst – auf die Jagd gegangen, Frauen haben Beeren und Früchte gesammelt. Nun wurde Ackerbau betrieben und Tiere wurden gehalten:

Schafe, Ziegen, Schweine und Rinder wurden zunächst nur gegessen und als „Fleischlieferanten“ gesehen, aber die Menschen der Jungsteinzeit lernten immer mehr dazu und molken bald die Ziegen und Schafe, um deren Milch zu trinken. Auch wurden Felle und Schafswolle zur Kleidungsverarbeitung genutzt. Letztlich verwendete man die Tiere sogar, um Dinge zu transportieren. Tiere wurden eingefangen und weitergezüchtet. Sie vermehrten sich, wurden gepflegt und gefüttert. So gehörten zu den neu entstandenen Siedlungen auch Tiergehege. Geschlachtet wurde nur noch nach Bedarf. Es entstanden völlig neue Aufgaben in der Jungsteinzeit – welch eine Entwicklung! Die Tiere mussten gefüttert und mit Wasser versorgt werden, ihre Wolle wurde verarbeitet. Während die Tiere grasten, musste man aufpassen, dass sie alle wieder wohlbehütet zurück zur Siedlung kamen und nicht entwischten oder von wilden Tieren angegriffen wurden.
Aber damit nicht genug: In der Altsteinzeit gab es keine Vorratshaltung. Nun jedoch gruben die Menschen Getreidekörner in Erdgruben ein und schufen so Wintervorräte. Schnell fanden die Menschen heraus, dass sich Körner aussäen lassen und so neues Getreide heranwächst! So kam es, dass die Menschen der Jungsteinzeit ganze Felder anlegten und zu dem wurden, was wir heute noch als Berufsgruppe kennen: Bauern. Sie lebten nun nicht mehr „von der Hand in den Mund“, sondern konnten sich selbst Vorräte schaffen und mussten keine Angst mehr haben, nichts Essbares zu finden. Die neue Lebensweise brachte vor allem Sicherheit.
Die Entwicklung von Jägern und Sammlern hin zu Bauern brachte viele Folgen für die Menschheit mit sich: feste Häuser wurden gebaut – die Zeit des Umherziehens war vorbei; Vorratsräume, Speicher und Ställe für die Tiere wurden erbaut; Wege wurden angelegt.

3 Hausbau und Tierhaltung – das Leben in der Jungsteinzeit: Dörfer entstehen – die Menschen werden sesshaft**

1 Lies zunächst alleine die Beobachtungen des Zeitreisenden „Herr von Stein“ aufmerksam. Mache dir gegebenenfalls Randnotizen und unterstreiche Inhalte, die du besonders wichtig findest.

2 Wenn alle Mitglieder eurer Expertengruppe den Text bearbeitet haben, tauscht ihr euch über den Inhalt aus. An dieser Stelle können Fragen und Unstimmigkeiten geklärt werden. Einigt euch gemeinsam auf die wichtigsten Inhalte des Textes und haltet sie auf dem Protokollbogen fest.
Achtung: Ihr seid ein Team, daher solltet ihr den gleichen Inhalt aufschreiben.

Der Zeitreisende „Herr von Stein“ erzählt ...

Nachdem die letzte Eiszeit vor ungefähr 12 000 Jahren geendet und man Vorräte an Getreidekörnern in Erdgruben geschaffen hatte, war es sinnlos geworden, weiter durch das Land zu ziehen und die Essensvorräte verkümmern zu lassen. Also wurde man sesshaft. Das heißt, die Menschen blieben als Bauern und Tierhalter an einem festen Ort: Das Nomadentum war beendet, die Sesshaftigkeit breitete sich aus. Die Menschen errichteten aus Holz, Stroh und Lehm feste Häuser, in denen sie wohnten. Aber nicht jede Familie hatte ihr eigenes Haus, so wie du es von heute kennst. Mehrere Familien wohnten unter einem Dach und bewahrten dort wichtige Dinge auf, wie z. B. Getreide, um es trocken zu lagern. Aber um Häuser errichten zu können, musste Fläche geschaffen werden. So rodeten die Jungsteinzeitmenschen Bäume und Büsche. Immer mehr Häuser wurden gebaut, sodass man bald von einer Siedlung bzw. einem Dorf sprach. War der freie Platz ausgeschöpft und keine Fläche mehr für neue Häuser oder Getreidefelder vorhanden, so wurden weitere Gebiete abgeholzt und neue Dörfer geschaffen. Doch diese umfassten nicht nur Wohnhäuser und Lagerräume für Nahrungsmittel. Auch die Tiere der Bauern lebten mit im Dorf und hatten eingezäunte Wiesen und Ställe. Auch Wege wurden angelegt, die durch das Dorf führten, Brunnen wurden gebaut und dienten als feste Wasserquelle.

Erfindungen in der Jungsteinzeit*

1 Lies zunächst alleine die Beobachtungen des Zeitreisenden „Herr von Stein“ aufmerksam. Mache dir gegebenenfalls Randnotizen und unterstreiche Inhalte, die du besonders wichtig findest.

2 Wenn alle Mitglieder eurer Expertengruppe den Text bearbeitet haben, tauscht ihr euch über den Inhalt aus. An dieser Stelle können Fragen und Unstimmigkeiten geklärt werden. Einigt euch gemeinsam auf die wichtigsten Inhalte des Textes und haltet sie auf dem Protokollbogen fest.
Achtung: Ihr seid ein Team, daher solltet ihr den gleichen Inhalt aufschreiben.

3 Ordnet außerdem die fettgedruckten Begriffe aus dem Text den Bildern zu, die „Herr von Stein“ gezeichnet hat. Übertragt dazu die Nummern ①–⑧.

Der Zeitreisende „Herr von Stein“ erzählt ...

Da zu dieser Zeit Viehzucht und Ackerbau betrieben wurde und die Menschen nun in Hütten bzw. Häusern lebten, wurden viele Werkzeuge benötigt, um die zahlreichen neuen Aufgaben meistern zu können. Durch Ausprobieren und Testen wurden einige Jungsteinzeitmenschen zu richtigen Experten, was ihren Aufgabenbereich anging. So entstanden auch die ersten Berufe: Es gab Handwerker, die bestimmte Werkzeuge herstellten, Bauern, die Nahrungsmittel ernteten und die Handwerker damit versorgten, die ihnen wiederum die Werkzeuge herstellten. So arbeitete man in verschiedenen Bereichen, aber immer für die ganze Gemeinschaft. Um Bäume schnell und erfolgreich zu fällen, damit dann auf diesem Grund Häuser und Felder errichtet werden können, wurden **Steinbeile** ① erfunden. Die Felder wurden mit selbstgebauten **Hacken** ② aufgelockert, um Samen zu säen. Die Ernte wurde mit einer **Sichel** ③ mit Holzgriff und darin eingeklemmten spitzen Steinen abgetragen. Mit Steinen wurden Getreidekörner zu Mehl verarbeitet, um dann mithilfe eines **selbst gebauten Backofens** ④, der einer Höhle glich, Brot herzustellen. **Selbst getöpferte Schalen und Gefäße** ⑤ aus Ton dienten der Aufbewahrung von Getreide, aber auch als feuerfeste Töpfe, um Nahrung über dem offenen Feuer zu garen. **Steinklingen** ⑥ dienten schließlich dazu, Speisen zu zerkleinern. Aber auch der **Webstuhl** ⑦ wurde erfunden und aus Stofffetzen Ton und Holz gebaut, sodass man spinnen und weben konnte. Da das Rad erfunden wurde, konnte man eine Möglichkeit schaffen, um Dinge wie Stroh, aber auch Personen, schneller von A nach B zu befördern. Das Rad wurde selbst auf dem Feld in Verbindung mit Ochsen genutzt, der **Pflug** ⑧ entstand.

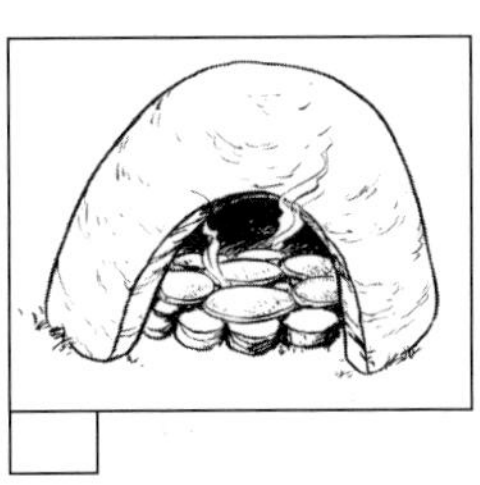

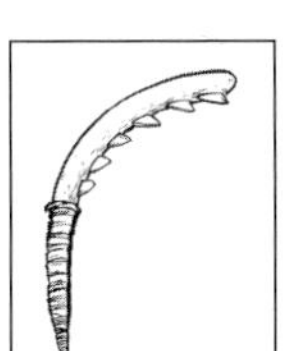

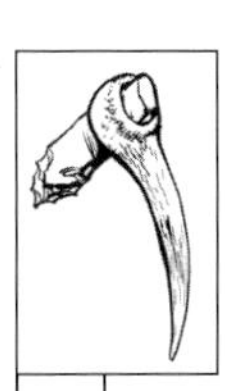

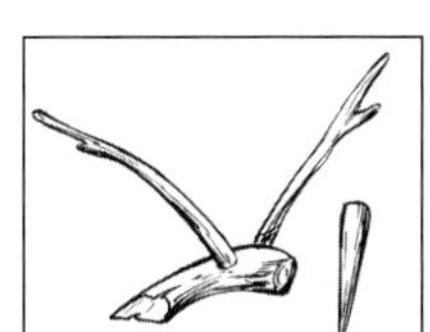

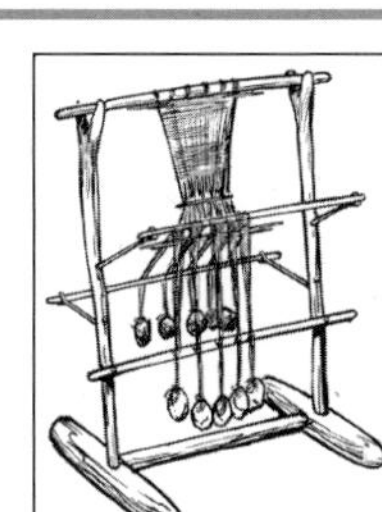

Hausbau und Tierhaltung – das Leben in der Jungsteinzeit: Protokollbogen

	Die Eiszeit und ihre Folgen	Viehzucht und Ackerbau	Dörfer entstehen – die Menschen werden sesshaft	Erfindungen in der Jungsteinzeit
Wichtige Inhalte zu unserem Thema				
So beurteile ich die Erklärung der verschiedenen Themen:				

Methode

Die Entstehung und vor allem die Beziehung zwischen Handel und Verkauf, die sich während der Metallzeit herauskristallisierte, wird den Schülern mithilfe eines Rollenspiels nähergebracht. Diese Methode wurde Ihnen bereits bei der Unterrichtseinheit „Jagen und Sammeln – das Leben in der Altsteinzeit“ (ab S. 15) vorgestellt und deren Vorzüge erläutert.
Die wirtschaftlichen Veränderungen, die in der Metallzeit stattfanden (Herausbildung vieler verschiedener Berufe, Schaffen von Erzeugnissen für Eigen- und (!) Fremdbedarf, Entstehung von Zahlungsmitteln, Handel und Verkauf), sind tiefgreifend, da sie einen Meilenstein in der Geschichte der Menschheit darstellen und große Auswirkungen auf die Gegenwart haben. Für Schüler des 6. Jahrgangs ist dies jedoch nur schwer nachzuvollziehen. Durch das Annehmen einer Rolle und das fiktive Erleben von Sachverhalten dieser komplexen Art werden die Aufnahme und die Verarbeitung des Lernstoffes erleichtert.

Hinweise/Tipps

Fachdidaktische Anmerkungen

Es ist wichtig, dass Sie vor diesen „Rollenspiel-Stunden“ ein bis zwei Unterrichtsstunden einbauen, in denen Sie einen gemeinsamen Einstieg in das Thema „Metallzeit“ finden und den Anbruch des neuen Zeitalters thematisch erarbeiten. Hierbei sollten die neuen Werkstoffe an sich (Kupfer, Bronze, Eisen) und deren Verarbeitung im Zentrum stehen. Bedenken Sie, dass die Schüler zu dieser Zeit noch keinen Chemieunterricht besuchen, sodass auch dies für sie sehr abstrakt und schwer zu verstehen ist. Vor allem eine Bebilderung der Bearbeitungsmethoden und von Eisenwerkzeug ist zu empfehlen.

Hinweise zur Durchführung

Auch hier sollten Sie wieder eine Doppelstunde bzw. zwei Einzelstunden nutzen, die mit einem gemeinsamen Einstieg zu den neu auftretenden Phänomenen „Handel“ und „Verkauf“ und der Vorbereitung und Einübung der Rollen in Gruppen beginnt. Es folgen die Präsentation und zum Ende der Stunde eine gemeinsame Reflexion. Zwei Einzelstunden haben den Vorteil, dass die Schüler als Hausaufgabe mögliche Utensilien (aus Metall) mitbringen können, bevor sie in der zweiten Stunde ihr Rollenspiel präsentieren. Um einen Rahmen vorzugeben, bietet die Situationskarte einen passenden Einstieg in das Rollenspiel. Die Lehrkraft sollte diesen vorlesen. Natürlich kann auch die Lehrkraft eine Art „Fundbox“ zur Verfügung stellen. Requisiten helfen den Kindern, sich in ihre Rolle einzufinden.

Hinweise zur Gruppenanzahl/Gruppenkonzeption

- Möglichkeiten der Gruppeneinteilung sind die Verteilung von Spiel- oder Farbkarten sowie einfaches „Durchzählen“ der Schüler.
- Im Optimalfall bilden vier Schüler eine Gruppe. Bevor aufgrund der Schülerzahl eine Gruppe mit fünf oder sechs Mitgliedern übrig bleibt, sollten lieber noch eine oder zwei kleinere Gruppen gebildet werden. Denn bei zu vielen Schülern in einem Team ist eine produktive Kommunikation nicht mehr gewährleistet.
- Achten Sie darauf, dass allgemein gültige Regeln für eine Gruppenarbeit eingehalten werden. Ebenso sollte eine entsprechende Sitzordnung an Gruppentischen geschaffen werden. Kein Kind sollte mit dem Rücken zur Tafel sitzen, um die volle Aufmerksamkeit zu gewährleisten, falls Sie die Arbeit doch einmal unterbrechen müssen, um etwas zu erklären.

Material

- Materialseiten 1 oder 2 je Gruppe
- Materialseite 3 (Beobachtungsbogen)
- Situationskarte für die Lehrkraft

Situationskarte: Willkommen in der Metallzeit!

Ein Händler auf Durchreise erreicht mit Pferd und Wagen das Bergwerk. Er möchte aus Metall hergestellte Werkzeuge, Waffen und Dinge, die das Leben erleichtern, erwerben. Anschließend will er weiter durch das Land ziehen, um diese einzutauschen. Kein Arbeiter ist gerade draußen, alle sind in der Höhle und arbeiten. Rauch steigt aus dem Eingang heraus, der Händler vernimmt Lärm aus dem Inneren der Höhle. Er ruft einige Male, bis schließlich einer der Arbeiter aus dem Eingang herauskommt. Der Händler und der Arbeiter kommen miteinander ins Gespräch ...

Handel und Verkauf – das Leben während der Metallzeit: Ihr seid Arbeiter im Bergwerk und Erzeuger!

1 Jeder von euch schlüpft in die Rolle eines Menschen, der in der Metallzeit gelebt hat. Lest euch die Erzählung durch, damit ihr versteht, wer ihr seid.

2 Tauscht euch im Anschluss daran im Team aus, indem ihr zu den unten abgedruckten Stichwörtern eure Leseerfahrungen miteinander teilt.

3 Bereitet das Rollenspiel vor – ihr habt den Rest der Stunde dafür Zeit. Jeder von euch sollte die Rolle des Bergwerkarbeiters, der von einem Händler bei der Arbeit unterbrochen wird und mit ihm ins Gespräch kommt, vor der Klasse spielen können.

In der Höhlenwerkstatt ist es sehr heiß. Das ist kein Wunder, denn rechts von dir lodert ein Feuer, in das deine Arbeitskollegen das Erz in Brocken hineinwerfen und kräftig Luft hinzupusten. Du weißt, dass das sein muss, denn nur bei sehr hoher Temperatur schmilzt das Metall und wird flüssig, sodass man es beliebig bearbeiten kann. Du hältst eine kleine Schale über das Feuer. In ihr befindet sich flüssiges Metall. Neben dir steht eine Form, in die du das Metall gießen möchtest, um Meißel herzustellen. Werkzeuge, die man zum Essen nutzen kann, hast du schon vor Stunden gegossen, sie kühlen noch aus. Du weißt, dass du sehr vorsichtig sein musst, denn das flüssige Metall würde dich bei direktem Kontakt so sehr verletzen, dass du deinen Beruf nicht mehr ausüben könntest. Daher arbeitest du sehr konzentriert, denn als Bronzegießer bist du hoch angesehen in der Gesellschaft. Durch deinen Beruf verfügst du über viel Wissen und kannst deine Familie mit deinem guten Verdienst versorgen. Du arbeitest dennoch schnell, denn du weißt, dass Dinge aus Metall sehr begehrt sind. Sie werden für den Krieg, für Bauern, aber auch für das alltägliche Leben (wie Essbesteck oder Schmuck) hergestellt. Nachdem du das flüssige Metall in die Form gegossen hast, muss neues Erz gewonnen werden, damit du weiterarbeiten kannst. Dafür übergießt du den durch Feuer erhitzten Felsen mit kaltem Wasser, wodurch Risse entstehen. Dann kannst du kleine Felsbrocken mit der Hacke abschlagen. Gemeinsam mit einem anderen Arbeiter mahlt ihr das Felsstück zwischen Steinen zu kleinen Teilchen, um Kupfer herauszulesen. Du musst warten, bis das Erz im Feuer schmilzt, um es dann wieder gießen zu können.
Das Geschrei von draußen lässt dich die Arbeit unterbrechen. Du siehst durch den Höhleneingang, dass ein Mann mit Pferd und Wagen gekommen ist. Das ist gut, denn vielleicht kauft er Ware ab ...

Tauscht euch aus über ...

... Erzeugnisse aus Metall

... Arbeitsplatz

... Utensilien bei der Metallverarbeitung

... Verletzungsgefahr

2 Handel und Verkauf – das Leben während der Metallzeit: Ihr seid Abnehmer und Händler!

1 Jeder von euch schlüpft in die Rolle eines Menschen, der in der Metallzeit gelebt hat. Lest euch die Erzählung durch, damit ihr versteht, wer ihr seid.

2 Tauscht euch im Anschluss daran im Team aus, indem ihr zu den unten abgedruckten Stichwörtern eure Leseerfahrungen miteinander teilt.

3 Bereitet das Rollenspiel vor – ihr habt den Rest der Stunde dafür Zeit. Jeder von euch sollte die Rolle des Abnehmers und Händlers, der einen Bergwerkarbeiter bei der Arbeit unterbricht und mit ihm ins Gespräch kommt, vor der Klasse spielen können.

Du reitest auf einem Pferd zum nahegelegenen Bergwerk. Es ist das einzige in der Nähe. Das ist großes Glück, denn du weißt, dass in vielen Regionen gar kein Bergwerk existiert und somit keine Metallgewinnung möglich ist. Für dich als Händler ist das mehr als positiv. Obwohl du dein Ziel bald erreicht hast, hast du danach noch einen sehr langen Weg vor dir, denn du musst als Händler weiter durch das Land reisen und die Waren, die du erwerben wirst, gegen andere Dinge eintauschen. Metalle sind sehr beliebt. Du weißt nicht, wie die verschiedenen Dinge aus Metall hergestellt werden, denn nur wenige Menschen wissen das: die Arbeiter im Bergwerk. Du weißt, dass sie aufgrund ihres Wissens hoch angesehen sind und mehr Besitz ihr eigen nennen können als viele andere Menschen. Vor einigen Jahren war dies nicht so, doch jetzt gibt es zwei Sorten von Menschen: die, die wertvolle Dinge besitzen (aus Metall), und die, die diese Dinge nicht besitzen. Glücklicherweise hat dein Wagen nun keine Holzräder mehr, denn diese sind schnell unter zu viel Last und zu langen Wegen zusammengebrochen. Nun hast du Metallräder, die viel stabiler sind. Daher kannst du dich glücklich schätzen. Du hast auch einige Tiere auf deinem Land zu verpflegen und hoffst, diesbezüglich etwas von den Bergleuten zu bekommen, das dir diese Arbeit erleichtert. Du siehst schon hinter dem Hügel Männer, die vor dem Höhleneingang des Bergwerks Steine zerkleinern und diese dann wieder nach unten bringen. Sicher ist diese Arbeit nicht ungefährlich oder gar leicht, aber genau kannst du das nicht beurteilen.
Als du am Bergwerk angekommen bist, ist kein Arbeiter mehr vor der Höhle. Nachdem du einige Zeit gewartet hast, rufst du nach ihnen. Doch die lauten Schläge und das dumpfe Klopfen aus dem Inneren der Höhle übertönen dich. Daher musst du lauter schreien, um mit einem Arbeiter sprechen zu können.

Tauscht euch aus über ...

... Handel mit Metallen

... Verteilung der Bergwerke

Handel und Verkauf – das Leben während der Metallzeit: Beobachtungsbogen

Notiere in Stichpunkten Antworten auf die folgenden Fragen.

1. Inhalt

Was hast du über die Aufgaben der Erzeuger bzw. der Abnehmer/Händler erfahren? Schreibe nur Informationen zu der Rolle mit, die du nicht vorbereitet hast.
Notiere während des Rollenspiels auch, welche Inhalte der Darsteller deiner Rolle vergessen hat.
Ergänze erst nach dem Rollenspiel die Inhalte deiner eigenen Rolle.

Erzeuger	Abnehmer/Händler
Utensilien bei der Metallverarbeitung: ______	Handel mit Metallen: ______
Erzeugnisse aus Metall: ______	
Verletzungsgefahr: ______	Verteilung der Bergwerke: ______
Arbeitsplatz: ______	
Bei meiner Rolle fehlte:	

2. Methode

Was hat dir an dem Rollenspiel am besten gefallen?

______

Was hat dir an dem Rollenspiel am wenigsten gefallen?

______

Bewerte das Rollenspiel mithilfe der abgebildeten Smileys.
Begründe deine Bewertung auf der Rückseite.

Methode

Mithilfe der Methode „Placemat“ („Platzdeckchen“) können sich die Schüler über Vorwissen, gesammelte Erfahrungen (Urlaubserfahrungen, Wissen aus Büchern und Fernsehsendungen) und Interessen bezüglich der Unterrichtseinheit „Ägypten – Beispiel einer frühen Hochkultur“ austauschen und gleichzeitig Interessensfragen formulieren, die im Rahmen der weiteren Unterrichtseinheit aufgegriffen werden können. Dies ist gerade zu Beginn einer Unterrichtseinheit von Vorteil und eine große Hilfe, um den weiteren Verlauf zu planen. Durch die Placemat-Methode werden grundlegende Dinge trainiert und eingefordert: 1. konzentriertes Arbeiten ohne sich verbal auszudrücken, 2. auf die Gedanken und Fragen der Mitschüler eingehen, 3. Arbeitsergebnisse der einzelnen Schüler besprechen, sich auf einen „Kern“ einigen und gemeinsam ausformulieren. Da das historische Lernen in der Schule an vorhandene Vorstellungen und Bilder anknüpft und mit der Wahrnehmung eines Gegenstandes beginnt, werden Lernende so dazu angeregt, Fragen an die Geschichte zu stellen. Das bereitet den Weg für den weiteren Verlauf einer gelungenen Unterrichtseinheit.

Hinweise/Tipps

Hinweise zur Durchführung

Begegnen Sie typischen Problemen gekonnt:

- Den Schülern fällt es meist sehr schwer, nicht zu sprechen. Daher wird diese Regel, die mit der Methode unmittelbar verbunden ist, in der Anfangsphase oft gebrochen, muss aber in Phase 1 (s. Methodensteckbrief) unbedingt eingefordert werden.
- Hilfreich ist es, wenn die Lehrkraft Fragen an der Tafel formuliert, an denen sich die Schüler orientieren können (z. B. „Was weißt du über Ägypten?“, „Hast du Erfahrungen zu diesem Land gesammelt (z. B. im Urlaub)?“, „Was interessiert dich an dem Thema Ägypten besonders?“).
- Gerade jüngeren Schülern können optische Impulse als Unterstützung dienen, um besser in den Schreibprozess hineinzufinden. Beispielsweise kann hierfür eine Box mit Gegenständen vorbereitet werden, die an das Land Ägypten erinnern oder damit in Verbindung stehen. Dies können Postkarten, Fotos/Bilder, Modellpyramiden, Sphinx-Figuren o. Ä. sein. Möglich wäre auch, eine Art „Materialtisch“ vorzubereiten, was jedoch für alle sichtbar wäre und den kreativen Prozess mancher Schüler hemmen könnte.

Gruppenanzahl/Gruppenkonzeption

- Vierergruppen sind für die Placemat-Methode optimal. Denn dann steht jedem Gruppenmitglied eine „eigene Ecke“ auf der Placemat zur Verfügung. Sollte die Gruppengröße sich nicht gleichmäßig einteilen lassen, ist es ratsam, Gruppen mit drei und vier Schülern zu bilden. Fünf Gruppenmitglieder sind für das Arbeiten in Gruppen zu viel und so kann nicht garantiert werden, dass alle Mitglieder am Austausch der Erfahrungen, Fragen und des Vorwissens beteiligt sind. Die Vorlage auf Materialseite 1 ist für vier Schüler konzipiert.
- Während die Schüler die Ecken mit Gedanken und Wissen füllen, sollten sie eine entsprechende Sitzordnung einnehmen:

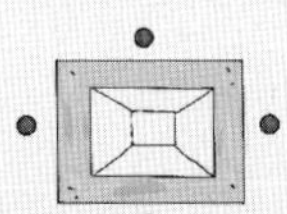

Material

- Materialseite 1 (Placemat) für jede Gruppe in DIN-A3-Größe
- evtl. Plakat für das Klassenzimmer, auf dem die Interessensfragen nachhaltig für die Unterrichtseinheit festgehalten werden können
- Klingel oder anderes akustisches Signal zum Schreibwechsel

**Ägypten –
was wir schon wissen
oder noch wissen wollen**

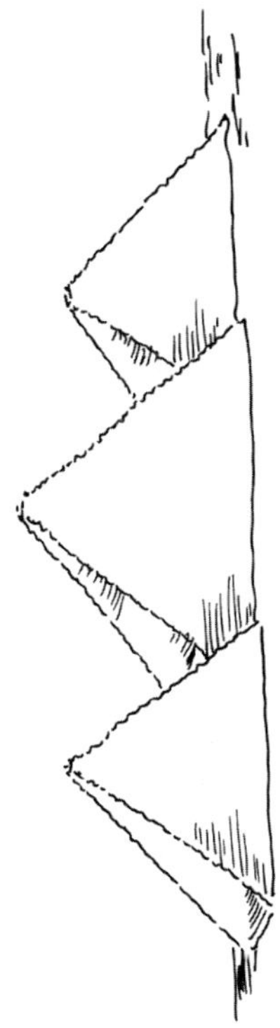

Methode

Da der Nil für die alten Ägypter aus verschiedenen Perspektiven eine große Rolle spielte, muss das Thema auch vielschichtig behandelt werden. Eine geeignete Methode des kooperativen Lernens, die dies ermöglicht, ist das „Gruppenpuzzle". Gerade hier erkennen Schüler, dass wirklich jedes Gruppenmitglied seinen Beitrag einbringen muss, um das Thema von allen Seiten aus beleuchten zu können. Somit werden kommunikative und soziale Kompetenzen gefördert.

Hinweise/Tipps

Hinweise zur Durchführung

Einige Lehrkräfte lehnen die Methode „Gruppenpuzzle" mit der Begründung ab, dass viele Schüler den Überblick über Stamm- bzw. Expertengruppe verlieren und somit Chaos entsteht. Abhilfe schaffen folgende strukturierende Maßnahmen:

- Verdeutlichen Sie Expertengruppen durch Farben oder Symbole, die die Schüler sichtbar am Körper tragen.
- Visualisieren Sie den Ablauf der Methode mithilfe eines „Methodenplakats", das gut sichtbar im Klassenzimmer aushängt oder via Whiteboard/Overheadprojektor präsentiert wird.
- Leiten Sie einzelne Arbeitsphasen (Wechsel von Stammgruppe in die Expertengruppe und umgekehrt) durch ein akustisches Signal (Klingel, Glocke o. Ä.) ein. Dies kann auch als festes Ritual in den Unterricht implementiert werden.
- Planen Sie bei der Methode „Gruppenpuzzle" stets Zeitpuffer ein, da die Arbeitstempi der Gruppen meist variieren.
- Alternativ zu Materialseite 5 (Protokollbogen) kann auch ein Hefteintrag entworfen werden.

Gruppenanzahl/Gruppenkonzeption

- Teilen Sie die Klasse möglichst in Vierergruppen ein (via Zufallsprinzip oder gesteuert, z. B. mithilfe von Spielkarten oder dem Durchzählen der Klasse).
- Achtung: Die Schüler finden sich zunächst nicht in den Expertengruppen zusammen, sondern in den Stammgruppen („bunte Gruppen", von jeder Expertengruppe ein Vertreter)! Die verschiedenen Aufgaben werden kurz gesichtet bzw. verteilt.
- Die Sterne hinter den Themen der Expertengruppen symbolisieren aufsteigend den Schwierigkeitsgrad der Aufbereitung der Themen sowie deren Informationsdichte, sodass es möglich ist, bei der Aufgabenverteilung innerhalb der Stammgruppen zu differenzieren:
  Exp-Gruppe 1: Lage und Bedeutung des Nils*
  Exp-Gruppe 2: Wirtschaft am Nil**
  Exp-Gruppe 3: Das Niljahr***
  Exp-Gruppe 4: Entstehung eines Staates am Nil**

Material

- Materialseiten 1 bis 4, abhängig von den Gruppengrößen (jeder Schüler erhält ein eigenes Exemplar)
- Materialseite 5 (Protokollbogen)
- evtl. Spielkarten/Farbkarten o. Ä. zur Einteilung bzw. Kennzeichnung der Gruppenzugehörigkeit

1 Lies zunächst alleine den Informationstext aufmerksam. Mache dir gegebenenfalls Randnotizen und unterstreiche Inhalte, die du besonders wichtig findest.

2 Wenn alle Mitglieder eurer Expertengruppe den Text bearbeitet haben, tauscht ihr euch über den Inhalt aus. An dieser Stelle können Fragen und Unstimmigkeiten geklärt werden. Einigt euch gemeinsam auf die wichtigsten Inhalte des Textes und haltet sie auf dem Protokollbogen fest.
Achtung: Ihr seid ein Team, daher solltet ihr den gleichen Inhalt aufschreiben.

Der Nil ist der längste Fluss der Erde und verläuft auf den letzten 1 500 Kilometern durch Ägypten.
Der Nil beginnt an der Grenze zum Sudan und fließt u. a. durch bzw. an den Städten Kairo, Asyut, Gizeh, Assuan, Memphis, Beni Hasan, Achetaton, Abydos, Luxor, Theben und Khartum vorbei. Das „Nildelta" in Unterägypten mündet schließlich in das Mittelmeer.

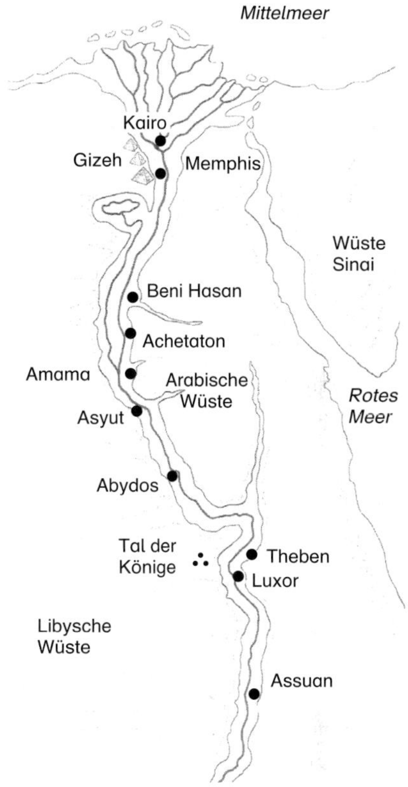

Der Nil sorgt dafür, dass es in einem Land, in dem die Wüste alles bestimmt, fruchtbaren Boden gibt: Die Flussebenen links und rechts waren besiedelt von Ägyptern, die sich das fruchtbare Land um 5000 v. Chr. zunutze machten. Das Ackerland rund um den Fluss wird als „Niltal" bezeichnet.

Sieh dir die folgende Abbildung an und entdecke, warum der Nil für die Ägypter so wichtig war.

Das Leben am Nil: Wirtschaft am Nil**

1 Lies zunächst alleine den Informationstext aufmerksam. Mache dir gegebenenfalls Randnotizen und unterstreiche Inhalte, die du besonders wichtig findest.

2 Wenn alle Mitglieder eurer Expertengruppe den Text bearbeitet haben, tauscht ihr euch über den Inhalt aus. An dieser Stelle können Fragen und Unstimmigkeiten geklärt werden. Einigt euch gemeinsam auf die wichtigsten Inhalte des Textes und haltet sie auf dem Protokollbogen fest.
Achtung: Ihr seid ein Team, daher solltet ihr den gleichen Inhalt aufschreiben.

Der Nil brachte den Menschen viele Vorteile, aber auch viel Arbeit. Beispielsweise kam es immer wieder zu Naturkatastrophen, indem Überschwemmungen alles zerstörten oder aber das Hochwasser ganz ausblieb, sodass auch kein fruchtbarer Boden genutzt werden konnte. Dann gab es keine Ernte und eine Hungersnot brach aus. Die Errungenschaft, die die Ägypter sich deshalb zunutze machten, war die „Vorratswirtschaft“: Überschüsse wurden gesammelt und gelagert. Vorher waren die Menschen „Selbstversorger“ und ernteten als Bauern, was sie selbst zum Leben brauchten. Durch die Aufgaben, die der Nil mit sich brachte, konnten sie nun anderen Arbeiten nachgehen und so bildeten sich nach einer Zeit unterschiedliche Aufgabenfelder und Schichten heraus. Neue Beschäftigungsgebiete und Berufe entwickelten sich, da man sich auf die Aufgaben spezialisieren musste und den Bauern so helfen konnte.

3 Lest die Aussagen einiger Ägypter und filtert Informationen zu ihren Berufen bzw. Tätigkeiten heraus.

Wir Bauern bauen Kanäle und Dämme, damit wir nach der Aussaat genug Wasser zur Verfügung haben. Mit selbst gebauten Schöpfrädern können wir Wasser auch transportieren. Aber viele Dinge kann man nur gemeinsam mit anderen erledigen und nicht alleine. Außerdem bildeten sich schnell Spezialisten für die verschiedenen Aufgaben heraus ...

Ich arbeite für den Pharao und bin Schreiber, das heißt, ich bin für die Kontrolle der Ernte und Abgaben verantwortlich. Das bedeutet, dass ich die Höhe der Ernte überprüfe und festsetze, wie viel Geld (Abgaben, Steuern) zu zahlen ist.

Ich arbeite für den Pharao als oberster Scheunenverwalter. Ich bin dafür da, Getreide für Notfälle lagern zu lassen. Es wird für schlechte Zeiten in Kornkammern aufbewahrt, damit wir abgesichert sind. Ich trage Sorge, dass die ägyptische Bevölkerung keinen Hunger leiden muss.

Ich arbeite für den Pharao und bin für die Bewässerungsgräben verantwortlich. Diese müssen angelegt werden, damit auch während der Trockenzeit bewässert werden kann.

Ich arbeite für den Pharao als Feldvermesser. Nachdem der Nil angeschwollen ist (= Nilschwelle), muss ich die Felder neu einteilen, da durch die Überschwemmung die Markierungen nicht mehr zu sehen sind. Ich vermesse das Feld und teile es den Bauern zu.

Das Leben am Nil: Das Niljahr***

1 Lies zunächst alleine den Informationstext aufmerksam. Mache dir gegebenenfalls Randnotizen und unterstreiche Inhalte, die du besonders wichtig findest.

2 Wenn alle Mitglieder eurer Expertengruppe den Text bearbeitet haben, tauscht ihr euch über den Inhalt aus. An dieser Stelle können Fragen und Unstimmigkeiten geklärt werden. Einigt euch gemeinsam auf die wichtigsten Inhalte des Textes und haltet sie auf dem Protokollbogen fest.
Achtung: Ihr seid ein Team, daher solltet ihr den gleichen Inhalt aufschreiben.

Natürlich mussten sich die Ägypter auf die Überschwemmungen des Nils (= Nilschwelle) vorbereiten: Hab und Gut, auch das Vieh, mussten in Sicherheit gebracht werden. Wenn es im Sommer in Äthiopien im Quellgebiet des Nils unaufhörlich und stark regnete, kam es zu Überschwemmungen. Priestern war es möglich, dies mithilfe des Sternenhimmels zu bestimmen:
Wenn der Stern Sirius erstmals am Morgen zu sehen war, trat das Wasser des Nils über die Ufer und breitete sich langsam aus. Damit begann ein neues „Niljahr", das wie unser heutiges Kalenderjahr 365 Tage (und fünf Zusatztage) umfasste und in zwölf Monate untergliedert war, wobei jeweils 30 Tage auf einen Monat fielen. Von Juni bis Oktober schwoll der Nil bis zu acht Meter an und das ihn umgebende Land verschwand unter den Wassermassen. Im Zeitraum von Oktober bis Dezember sank der Wasserstand wieder, fruchtbarer Schlamm blieb zurück und bereicherte die Ernte:

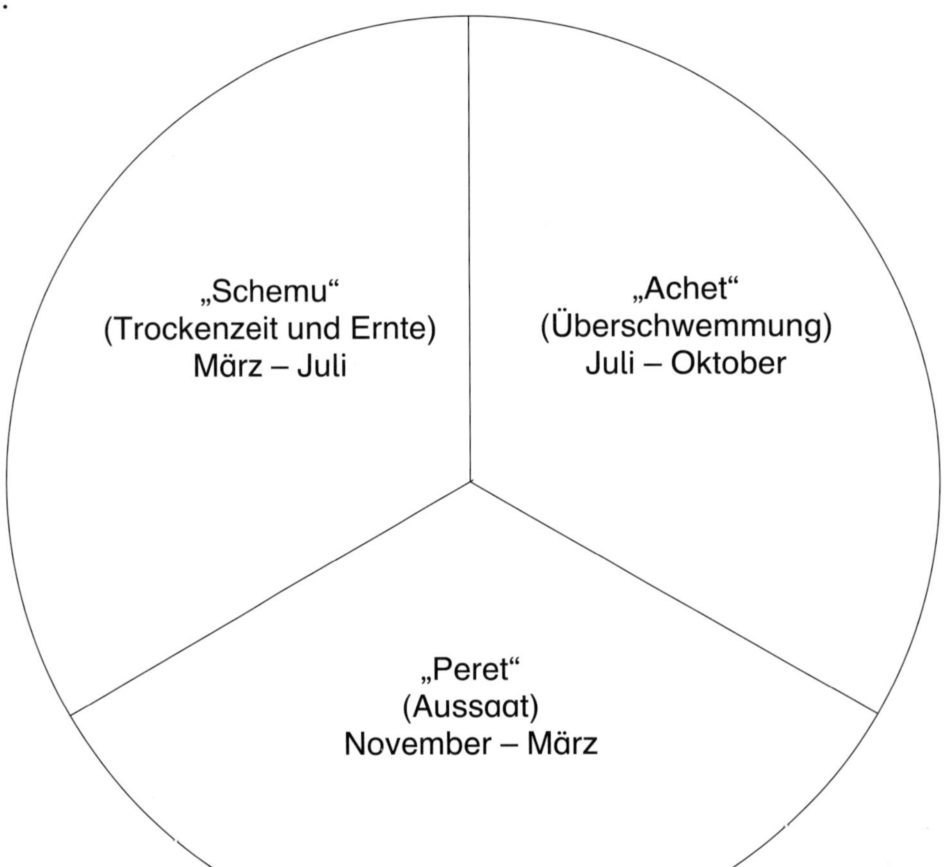

1 Lies zunächst alleine den Brief von Yunes und die weiteren Informationen zum Thema „Entstehung eines Staates am Nil“ aufmerksam. Mache dir gegebenenfalls Randnotizen und unterstreiche Inhalte, die du besonders wichtig findest.

2 Wenn alle Mitglieder eurer Expertengruppe den Text bearbeitet haben, tauscht ihr euch über den Inhalt aus. An dieser Stelle können Fragen und Unstimmigkeiten geklärt werden. Einigt euch gemeinsam auf die wichtigsten Inhalte des Textes und haltet sie auf dem Protokollbogen fest.
Achtung: Ihr seid ein Team, daher solltet ihr den gleichen Inhalt aufschreiben.

Mein lieber Khaled,

meine Anreise nach Beni Hasan dauerte einige Tage, aber nun bin ich gut angekommen. Hier ist es ganz anders als in unserer Heimat Sile. Ich weiß nicht, wie ich dir beschreiben soll, was ich hier zum ersten Mal mit eigenen Augen sehe. Das Wasser bringt fruchtbaren Boden, lässt Ernten zu und fordert die Menschen. Sie gehen bestimmten Aufgaben nach, um sich zu organisieren. Dies alles führte dazu, dass ganze Zentren von bewohnten Gebieten aus vorherigen Siedlungen entstanden, da diese für die schweren Aufgaben natürlich nicht ausreichten. Immerhin müssen die Menschen, die hier leben, den Nil unter Kontrolle haben, Staudämme bauen, Kanäle anlegen und Schleusen bedienen, um die Flut zu regulieren. Die Dörfer haben sich hier zu großen Gemeinschaften zusammengeschlossen, wobei ein Mann (hier ist das ein Mann namens Ägid) die Führung übernommen hat und sagt, was zu tun ist. Ich habe das Gefühl, hier ändert sich etwas … und wir werden Zeugen sein.
Khaled, komm so schnell wie möglich nach Beni Hasan!

Dein Freund Yunes

... ein Blick in die Zukunft (ca. 3200 v. Chr.)
Khaled folgte seinem Freund Yunes nach Beni Hasan in Oberägypten. Gemeinsam zogen sie nach Alexandria im Nildelta in Unterägypten, wo man dem Beispiel Beni Hasans folgte und ebenfalls in größeren Gemeinschaften zusammenlebte. Von dort aus wurde ganz Ägypten regiert, wodurch der erste ägyptische Staat entstand.

... und heute?
Heute leben 99 % der Bevölkerung Ägyptens in der Nähe des Nils (= 5,5 % der ägyptischen Landesfläche). Das Leben dort ist beengt und die Bevölkerung nimmt jährlich stark zu. Nicht ohne Grund wird der Nil die „Lebensader Ägyptens“ genannt.

(1) Lage des Nils

(1) Bedeutung des Nils

(2) Wirtschaft am Nil – Wieso?

(2) Neue Aufgaben und Tätigkeiten

(3) Was bedeutet „Niljahr“?

Dreigliedriges Niljahr

(4) Entstehung des Staates

Methode

Das Thema wird mithilfe der sehr kommunikativen Methode des Marktplatz-Interviews erarbeitet und im Anschluss daran auf einem Protokollbogen gesichert. Die Methode erinnert stark an ein Rollenspiel und lässt die Schüler so in eine längst vergangene Zeit schlüpfen. Bei einem Marktplatz-Interview handelt es sich um eine Kombination aus Partnerinterview, Rollenspiel und Marktplatz-Situation, die so die Vorzüge von Einzel- und Partnerarbeit vereint. Durch die Komponente „Rollenspiel" wird (vergangene) Lebenswirklichkeit spielerisch vermittelt. Gerade durch die Kombination mit dem Partnerinterview wird die narrative Kompetenz geschult, die Fähigkeit, Geschichte zu verstehen und diese selbst erzählen zu können.

Hinweise/Tipps

Hinweise zur Durchführung

Wie bereits der Methodensteckbrief erklärt, sollte darauf geachtet werden, dass ...

- ... die Lautstärke kontrolliert und ggf. mit Ritualen („Flüsterreden", akustischen Abbruchsignalen) gelenkt wird.
- ... keine Außenseiterpositionen verstärkt werden, indem Schüler am Ende der Partnerfindungsphase übrig bleiben und eventuell gehänselt werden.
- ... farbliche oder symbolische Hilfen die Schüler als Interviewer oder als Experte kennzeichnen.

Bei dieser Methode ist keine klassische Präsentation vorgesehen, da die Schüler individuell Fragen und entsprechende Antworten formulieren. Die Inhalte sind jedoch identisch, da alle über die gleichen Texte verfügen. Daher bietet es sich auf jeden Fall an, im Anschluss an das Ausfüllen der Protokollbögen einige Paare ihr Interview vor der Klasse führen zu lassen und daran jeweils eine kurze Feedbackrunde anzuschließen. Eine Vorgabe für diese Reflexion könnte sein, dass die Schüler jeweils zwei positive Aspekte sowie einen Aspekt benennen sollen, der verbesserungswürdig ist. Hier ist auf konstruktive Kritik zu achten. Wichtig ist, dass man den Schülern eine „Probezeit" von ca. 10–15 Minuten einräumt, sodass das komplette Interview noch einmal durchgesprochen und einstudiert werden kann.

Es kann durchaus passieren, dass die leistungsstärkeren Schüler, die die umfangreiche Materialseite 1 bearbeiten sollten, länger beschäftigt und die Klassenmitglieder, die mit der Materialseite 2 arbeiten, schneller fertig sind. Daher sollte ein zeitlicher Puffer eingeplant werden. Es bietet sich beispielsweise an, die Schüler etwas zu den Göttern erarbeiten zu lassen, an die die Ägypter glaubten (Amun-Re, Anubis, Isis, Osiris). Auch könnten die Schüler Tutanchamun – um den es vorrangig in dieser Unterrichtseinheit geht – bzw. dessen Mumienmaske nachzeichnen oder ausmalen. Entsprechende Vorlagen finden sich im Internet. Zeichnen die Schüler selbstständig eine Vorlage, kann ein Kästchen-Raster nützlich sein. Weisen Sie bei dieser Gelegenheit darauf hin, dass die Künstler im frühen Ägypten strenge Regeln beim Anfertigen ihrer Kunstwerke befolgen mussten. Die genannten möglichen Zusatzaufgaben scheinen auf den ersten Blick zwar minimalistisch, jedoch ist es wichtig, die Schüler mit Zusatzmaterialien nicht „zu bestrafen".

Material

- Materialseiten 1 und 2 in halber Klassenstärke
- Materialseite 3 (Protokollbogen)

Der Pharao – Herrscher über Ägypten: Du bist Experte!

Lies den Text, der dir hilft, dich in die Rolle des Dieners Menas zu versetzen, der mit dem Pharao Tutanchamun in dessen Palast lebt.
Präge dir die Inhalte sorgfältig ein, denn später bist du Experte für den ägyptischen Pharao und beantwortest die Fragen eines zeitreisenden Interviewers. Als Hilfe kannst du dir Notizen anfertigen.

Du bist Menas, ein Diener des Königs bzw. Pharaos Tutanchamun und lebst mit weiteren Bediensteten in seinem Palast. Tutanchamun siehst du immer mit Kopftuch, das am Hinterkopf gebunden ist, den Symbolen für die „Schlangengöttin" und für die „Geiergöttin" an der Stirn. Dies ist ein Schutz gegen Feinde. Du siehst ebenfalls den künstlichen Bart am Kinn und den Krummstab sowie die Geißel in den beiden Händen. Jeder Ägypter weiß, dass dies Tutanchamuns Macht ausdrücken soll.

Tutanchamun steht an der Spitze des Staates, da euer Volk ihn als Sohn eines Gottes ansieht. Er hat entsprechend viel Macht, da er anordnet, welche Felder bestellt werden, Aufgaben an Bedienstete verteilt (z. B. das Anlegen von Deichen, den Bau von Schiffen oder Tempeln, das Jagen von Tieren) und festlegt, wie groß der Anteil der Ernte ist, der von den Bauern abzugeben ist. Er hatte viel Macht, aber auch viele Pflichten zu erfüllen. Darum beneidest du ihn ganz und gar nicht: Der Pharao musste dafür sorgen, dass seine Gesetze eingehalten werden. Er war auch für den Schutz und die Verteidigung des ganzen Landes verantwortlich, d. h. er musste die „Maat" herstellen (= Gerechtigkeit, Ordnung).

Du und deine Freunde, die auch als Diener im Palast tätig sind, habt den Pharao schon immer bewundert, da er von den Göttern selbst in dieses Amt berufen wurde und den Willen der Götter auf der Erde durchsetzen soll. Ihr glaubt auch daran, dass es Ägypten gut geht, solange Tutanchamun auf die Wünsche des Volkes achtet. Tut er dies nicht, seid ihr wie alle anderen davon überzeugt, dass Ägypten von Dürre oder Hungersnöten heimgesucht wird.

Tutanchamun

Als Diener ist euer Platz in der Rangordnung ganz unten.
Ganz oben steht der Pharao selbst, unter ihm der oberste Beamte, der sich Wesir nennt, die Feldvermessung sowie die Steuerzahlungen des Volkes überwacht und Bericht erstattet. Unter ihm stehen die hohen Beamten und einfachen Beamten (Schreiber), an die er die Befehle des Pharaos weitergibt. Du weißt, dass Beamte schreiben können und beneidest sie darum. Aber ohne diese Fähigkeit wäre es nicht möglich, die komplexen Aufgaben des Pharaos zu bewältigen. Dir ist bewusst, dass erst auf der Ebene darunter – neben euch Dienern – die Händler, Arbeiter, Soldaten, Handwerker und Bauern angesiedelt sind.

Der Pharao – Herrscher über Ägypten: Du bist zeitreisender Interviewer!

2

Du bist ein Interviewer auf Zeitreise und begibst dich in die Zeit um 1328 v. Chr., als Pharao Tutanchamun über Ägypten herrschte. Du triffst dich dort mit dem Diener Menas, der bei Tutanchamun im Palast lebt und dir Auskunft über den Herrscher geben kann. Hierzu bedarf es natürlich einiger Vorbereitungen:

1 Überlege dir eine entsprechende Vorstellung deiner Person und eine Begrüßung für Menas.

2 Formuliere mithilfe der Stichwörter in den Gedankenblasen Fragen, die du dem Diener stellen wirst. Notiere diese bereits auf deinem Protokollbogen. Achte darauf, dass sich die Fragen nicht nur mit „ja“ oder „nein“ beantworten lassen! Der Diener soll dir ausführlich berichten können.

Beispiel:

Aussehen?

Gute Frage: Menas, wie sieht der Pharao aus?

Schlechte Frage: Menas, hat der Pharao ein spezielles Aussehen?

3 Notiere während des Interviews mit und halte im Anschluss die Antworten Menas’ auf dem Protokollbogen fest.

Macht?

Pflichten?

„Rangordnung“?

Sicht der Bevölkerung?

3 Der Pharao – Herrscher über Ägypten: Protokollbogen Interview

Interviewer: ______________________________

Experte (Menas): ______________________________

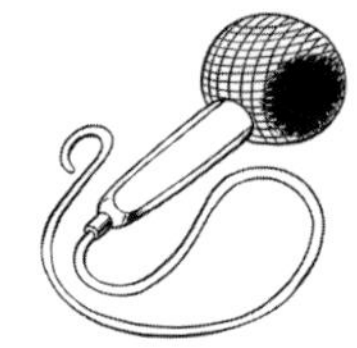

____

____

____

Interviewer: ______________________________

Experte (Menas): ______________________________

____

____

____

Interviewer: ______________________________

Experte (Menas): ______________________________

____

____

____

____

Interviewer: ______________________________

Experte (Menas): ______________________________

____

____

____

____

Interviewer: ______________________________

Experte (Menas): ______________________________

____

____

____

____

Methode

Der Themenkomplex „Leben, Haus und Familie im alten Athen“ wird mithilfe des Marktplatz-Interviews erarbeitet. Die Sicherung erfolgt auf einem Protokollbogen. Diese Methode haben Sie bereits in der Einheit „Der Pharao – Herrscher über Ägypten“ (ab S. 41) kennengelernt. Die Thematik des Zusammenlebens im alten Athen ist sehr facettenreich und sollte daher mit einer Methode vermittelt werden, die den Schülern dementsprechend Raum gewährt. Wie schon erwähnt, haben Sie bei einem Marktplatz-Interview sehr gute Möglichkeiten der Binnendifferenzierung, da die Ausarbeitung der Interviewfragen um einiges leichter ist als die Arbeit an einem umfangreichen Text, der eine sehr hohe Zahl wichtiger Informationen beinhaltet. Dennoch werden von beiden Partnern intensiv Sprach- bzw. Ausdrucksvermögen trainiert und mit geschichtlichem Wissen unterfüttert. Weil Geschichte mit dieser Methode gelebt und erzählt wird, werden dabei narrative Fähigkeiten der Schüler weiterentwickelt.

Hinweise/Tipps

Fachdidaktische Anmerkungen
Sie sollten die Schüler am Ende des Themenkomplexes darüber aufklären, dass die Situation fiktiv ist und nicht wirklich so stattgefunden hat, sondern aufgrund von Expertenwissen „rekonstruiert“ wurde. Die Schüler werden wahrscheinlich schon vorher danach fragen. Hierbei lässt sich gut auf historische Quellen eingehen, die uns auch nach so langer Zeit Sachverhalte nachstellen bzw. nachvollziehen lassen.

Hinweise zur Durchführung
Sollte der eine oder andere Schüler leistungsstärker und mit der Ausarbeitung der Interviewfragen sehr schnell fertig sein, empfiehlt es sich, eine „Pufferaufgabe“ einzuplanen. Dies könnte beispielsweise ein Rechercheauftrag sein: Stellen Sie eine Theke mit verschiedener Literatur zusammen, arbeiten sie möglichst in einer Mediathek oder verschaffen Sie den Schülern Zugang zum Internet. Dies setzt jedoch Vertrauen in die Klasse und in die Arbeitsweise voraus und sollte erst eingesetzt werden, wenn die Methode bereits durchgeführt und eingeübt wurde.
Wie Sie schon aus der vorherigen Einheit wissen, gibt es bei dieser Methode keine klassische Präsentation, allerdings sollten einige Interviews vorgespielt und mit einer abschließenden Feedbackrunde reflektiert werden.

Gruppenanzahl/Gruppenkonzeption
Die Schüler widmen sich zunächst alleine ihrem Arbeitsauftrag, bevor sie im Anschluss mit einem Partner zusammenarbeiten. Die Gruppenbildung eröffnet zahlreiche Alternativen. Sehr viel selbstbestimmter und freier ist die Methode, wenn sich die Schüler selbst einen Interviewpartner gemäß einer ursprünglichen Marktplatzsituation aussuchen können. Dies setzt viel Disziplin voraus, um Chaos und Lärm zu vermeiden. Wollen Sie dies dennoch testen, führen Sie vorher Ruherituale ein (Glocke o. Ä.). Sind Sie sich unsicher, teilen Sie die Paare lieber vor der Erarbeitungsphase ein. Sie können beispielsweise Banknachbarn zusammenarbeiten lassen.

Material

- Materialseiten 1 und 2 in halber Klassenstärke
- Materialseite 3 (Protokollbogen)

Leben, Haus und Familie im alten Athen: Du bist Experte!

Lies den Text, der dir hilft, dich in die Rolle des Hausherrn Astèrios zu versetzen, der gemeinsam mit seiner Familie und Sklaven lebt. Präge dir die Inhalte sorgfältig ein, denn später bist du Experte für das Leben im alten Athen und beantwortest die Fragen eines zeitreisenden Interviewers. Als Hilfe kannst du dir Notizen anfertigen.

Du bist Astèrios, ein Hausherr im alten Athen, und wohnst mit deiner Frau Pagòna, deinen drei Kindern Pelàgia, Sofìa und Achillèas sowie den Sklaven Kylon und Zìsis in einem Haus. Zu dem Haus gehört noch ein kleiner Hof, wo die Kinder spielen, wenn es warm ist. Jedes Haus hat einen Speiseraum und ein „Frauengemach“. Letzteres ist das Zimmer der Frau, die im Hause die Herrin ist. Dennoch ist sie ihrem Ehemann unterstellt. Ihr Zimmer darf von Männern und von Sklaven nicht betreten werden. Dort webt die Frau und zieht sich zurück. Zu ihren Aufgaben gehören nach der sehr frühen Heirat (ohne Mitspracherecht) das Gebären von Kindern und die Übernahme deren Erziehung. Um den Haushalt muss sich deine Frau Pagòna nicht kümmern, da ihr zwei Sklaven besitzt. Du bietest deiner Frau ein schönes Leben, denn ihr lebt in einem Haus, ein Luxus, der nicht jeder Familie vergönnt ist. Generell haben Frauen keine Rechte. Sie dürfen das Haus nicht alleine verlassen oder wählen gehen. Der Speiseraum ist dein Lieblingsaufenthaltsort im Haus.

Hier triffst du dich mit Freunden und trinkst am Abend Wein mit ihnen, redest über Politik und den erlebten Tag. Die Sklaven Kylon und Zìsis bringen euch dann einige Speisen, die zubereitet wurden. Du hast die beiden auf dem Sklavenmarkt gekauft. Wie viele Sklaven gerieten sie durch Verschuldung in die Sklaverei und verloren jegliche Rechte. Aber auch sie haben als sogenannte „Haussklaven“ ein angenehmes Leben bei dir und deiner Familie: Sie haben ein Dach über dem Kopf und feste Aufgaben. Vielen anderen Sklaven geht es da längst nicht so gut. Obwohl deine Sklaven mit im Haus wohnen, ist es nicht üblich, mit ihnen zu sprechen, außer du erteilst ihnen Befehle.

Auch wenn es dir und deiner Familie recht gut geht, so gibt es dennoch Probleme: Die Mauern deines Hauses sind morsch, wie bei den meisten Häusern. Dies macht es für Diebe – man nennt sie in Athen „Mauerdurchstoßer“ – einfach, in das Haus einzudringen. Die Fenster bestehen zu dieser Zeit nur aus Löchern im Gemäuer, Glas gibt es noch nicht. Entsprechend kalt und zugig ist es im Haus und im Winter frieren die Kinder. Eine Kanalisation ist ebenfalls nicht vorhanden, sodass alles Abwasser auf die Straße geschüttet wird. Diese unhygienischen Zustände sorgen nicht selten für die Verbreitung von Krankheiten.

Leben, Haus und Familie im alten Athen: Du bist zeitreisender Interviewer!

2

Du bist ein Interviewer auf Zeitreise und begibst dich in die Zeit um 450 v. Chr.
Dein Ziel ist das antike Athen. Dort triffst du dich mit dem Hausherrn Astèrios, der mit seiner Familie und zwei Sklaven in einem Haus mit Hof lebt und dir Auskunft über das Leben in der damaligen Zeit, die Häuser und die Familienstruktur geben kann.
Hierzu bedarf es natürlich einiger Vorbereitungen:

1 Überlege dir eine entsprechende Vorstellung deiner Person und eine Begrüßung für Astèrios.

2 Formuliere mithilfe der Stichwörter in den Gedankenblasen Fragen, die du dem Diener stellen wirst. Notiere diese bereits auf deinem Protokollbogen.
Achte darauf, dass sich die Fragen nicht nur mit „ja" oder „nein" beantworten lassen!
Der Diener soll dir ausführlich berichten können.

Beispiel:

Aufbau Haus?

Gute Frage: Asteriòs, wie ist das Haus deiner Familie aufgebaut?

Schlechte Frage: Astèrios, ist das Haus deiner Familie groß?

3 Notiere während des Interviews mit und halte im Anschluss die Antworten Astèrios' auf dem Protokollbogen fest.

Familie?

Rolle Frau?

Sklaven?

Beschäftigung Hausherr?

Probleme?

Leben, Haus und Familie im alten Athen: Protokollbogen Interview

Interviewer: ______

Experte (Astèrios): ______

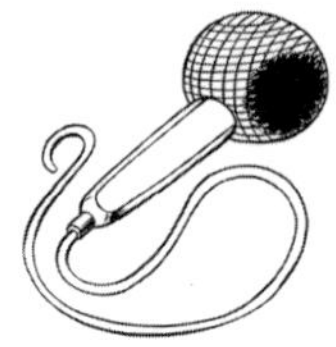

Interviewer: ______

Experte (Astèrios): ______

Interviewer: ______

Experte (Astèrios): ______

Interviewer: ______

Experte (Astèrios): ______

Interviewer: ______

Experte (Astèrios): ______

Interviewer: ______

Experte (Astèrios): ______

Methode

Die Thematik rund um die Götterwelt der griechischen Antike wird durch ein Rollenspiel nicht nur behandelt, sondern fiktiv erlebt. Vorbereiten lässt sich dies auf verschiedene Arten. Sie können entscheiden, was Ihnen lieber ist: eine gruppeninterne Vorbereitung (d. h. jeweils eine Gruppe beschäftigt sich mit einem Charakter) oder aber eine feste Rolleneinteilung der einzelnen Schüler. Dabei entfällt an dieser Stelle die kommunikative Komponente während der Vorbereitung, außer die Klasse wird paarweise eingeteilt, sodass durch eine Partnerarbeit ein intensiver Austausch stattfinden kann. Im Sinne kooperativer Arbeitsmethoden ist dies wünschenswert.

Hinweise/Tipps

Fachdidaktische Anmerkungen

Da die Vorstellung der griechischen Götter auf einen Mythos zurückgeht, sollte auch dies im Rahmen des Unterrichts besprochen und mit den Schülern eine Kurzdiskussion eingeleitet werden, die sich mit Wirklichkeit und Mythos befasst.

Hinweise zur Durchführung

Sie sollten bei dieser Methode zwei Unterrichtsstunden bzw. eine Doppelstunde einplanen. In der ersten Stunde bereiten Sie den Lernweg der Schüler durch einen geeigneten thematischen Einstieg vor. Dies könnten beim Thema „Griechische Götterwelt" Abbildungen der griechischen Götter auf Folie, Plakaten oder in Großformat an der Tafel sein. Nach diesen stummen Impulsen lassen Sie die Schüler in Gruppen ihre Rollen vorbereiten und sich in sie hineinfinden. In der zweiten Stunde sollten die Gruppen dann noch einmal zusammenkommen, um sich abzusprechen. Es folgen die Präsentation und zum Ende der Stunde eine gemeinsame Reflexion. Zwei Einzelstunden haben den Vorteil, dass die Schüler als Hausaufgabe mögliche Utensilien mitbringen können, bevor sie in der zweiten Stunde ihr Rollenspiel präsentieren. Natürlich kann auch die Lehrkraft eine Art „Fundbox" zur Verfügung stellen. Requisiten helfen den Kindern, sich in ihre Rolle einzufinden.

Einige Lehrkräfte lehnen Rollenspiele im Unterricht mit der Begründung ab, man könne den Lernzuwachs nicht in Form einer Sicherung im Heft festhalten. Beachtet man bei der Präsentation von Rollenspielen jedoch folgende Aspekte, gelingen diese in der Regel und brauchen nur einige Übung, um sich zu einem „Selbstläufer" zu entwickeln:

- Halten Sie im Vorfeld Regeln fest, die während der Präsentation für alle gelten (z. B. nicht sprechen, Fragen nur im Anschluss stellen und die Spieler nicht unterbrechen).
- Verwenden Sie den Beobachtungsbogen (Materialseite 3). Dieser gewährleistet eine wertschätzende Präsentation der Arbeit der Schüler. Außerdem wird sichergestellt, dass gewisse Punkte angesprochen werden, die für ein produktives Arbeiten unerlässlich sind (auf der Wissensebene, aber auch auf der Handlungsebene). Der Beobachtungsbogen ermöglicht, die Schüler, die gerade nicht präsentieren, sinnvoll in den Ablauf einzubinden. Dass bei einer Klassenstärke von ca. 30 Kindern natürlich nicht jeder im Plenum seine Rolle vorstellen kann, liegt in der Natur der Sache. Eine zu sehr ausgedehnte Präsentationsphase hätte Langeweile und dadurch bedingte Unruhe zur Folge. Die restlichen Klassenmitglieder, die Beobachter, haben einen konkreten Beobachtungsauftrag, den sie erledigen müssen. Ratsam ist es dabei, den Schülern direkt im Anschluss an eine Rollenspiel-Präsentation einige Minuten Zeit zu lassen, um den Beobachtungsbogen weiter auszufüllen, zumal es vielen Kindern schwerfällt, zuzuhören, zuzusehen und gleichzeitig Notizen anzufertigen.
- Die Beobachtungsbögen lassen sich im Anschluss im Plenum besprechen, sodass eine gelungene Abrundung des Stundenthemas erfolgt.
  Da sich einige Schüler vermutlich schämen, eine Rolle vor der Klasse zu spielen, sollte man nur Freiwillige präsentieren lassen und niemanden dazu zwingen. So werden auch mögliche Hänseleien vermieden.

Um einen Rahmen vorzugeben, bietet die Situationskarte einen Einstieg in das Rollenspiel, der von der Lehrkraft vorgelesen werden sollte.

Gruppenanzahl/Gruppenkonzeption

- Möglichkeiten der Gruppeneinteilung sind die Verteilung von Spiel- oder Farbkarten oder einfaches „Durchzählen" der Schüler.
- Im Optimalfall bilden vier Schüler eine Gruppe. Bevor aufgrund der Schülerzahl eine Gruppe mit fünf oder sechs Mitgliedern übrig bleibt, sollten lieber noch eine oder zwei kleinere Gruppen gebildet werden. Denn bei zu vielen Schülern in einem Team ist eine produktive Kommunikation nicht mehr gewährleistet.
- Achten Sie darauf, dass allgemein gültige Regeln für eine Gruppenarbeit eingehalten werden. Ebenso sollte eine entsprechende Sitzordnung an Gruppentischen geschaffen werden. Kein Kind sollte mit dem Rücken zur Tafel sitzen, um die volle Aufmerksamkeit zu gewährleisten, falls Sie die Arbeit doch einmal unterbrechen müssen, um etwas zu erklären.

Material

- Materialseiten 1 oder 2 je Gruppe
- Materialseite 3 (Beobachtungsbogen)
- Situationskarte (s. unten) für die Lehrkraft

Situationskarte: Griechische Götterwelt

Der Göttervater Zeus hat gemeinsam mit seiner Frau Hera alle Götter durch Hermes auf den Olymp holen lassen. Sie tummeln sich schon in der großen Halle. Hermes betritt den großen Speisesaal und eröffnet Zeus und Hera, dass alle Göttertöchter und Göttersöhne erschienen sind. Zeus bittet Hermes, seine Brüder und Schwestern nacheinander einzulassen und aus Höflichkeitsgründen kurz vorzustellen. Dann will er alle am Tisch versammeln und ihnen erzählen, was die Menschen sich haben einfallen lassen ...

Griechische Götterwelt – am Tisch des Zeus: Du bist Hermes!

1 Jeder von euch schlüpft in die Rolle des griechischen Götterboten Hermes, der gemeinsam mit den anderen Göttern auf dem Olymp lebt. Damit ihr versteht, wer ihr seid, lest euch die Erzählung durch.

2 Tauscht euch im Anschluss daran im Team aus, indem ihr zu den unten abgedruckten Stichwörtern eure Leseerfahrungen miteinander teilt.

3 Bereitet das Rollenspiel vor – ihr habt den Rest der Stunde dafür Zeit. Jeder von euch sollte die Rolle des Hermes vor der Klasse spielen können.

Auf dem Olymp herrscht großer Aufruhr: Zeus, der oberste griechische Gott, hat dir befohlen, alle deine Brüder und Schwestern zusammenzurufen. Er hat von einer neuen Idee der Menschen gesprochen. Mehr wollte er erst erzählen, wenn alle versammelt sind. Zuerst suchst du Artemis auf, die Göttin der Jagd und Beschützerin der wilden Tiere, Frauen und Kinder. Sie ist im Wald mit Pfeil und Bogen unterwegs. Als sie hört, dass Zeus ruft, macht sie sich sofort auf den Weg. Ebenso folgt Apollon, Zwillingsbruder von Artemis, der Gott der Musik, der Dichtung und des Heilens. Auch Hestia, Göttin des Herdfeuers und Schützerin der Familien, und Athene, Göttin der Weisheit und der Strategie des Kampfes (Jeder weiß, dass Athene Zeus' Lieblingstochter ist!) eilen gleich nach der Botschaft auf den Olymp. Als du Aphrodite, die Göttin der Schönheit und Liebe, aufsuchst, betrachtet sie sich wie so oft im Spiegel und kämmt ihr langes blondes Haar. Ihr Ehemann, Hephaistos, arbeitet hingegen sehr hart: Er schmiedet über dem offenen Feuer, allerdings unterbricht er augenblicklich die Arbeit, als du ihm von Zeus' Einladung erzählst. Ares, der Gott des Krieges, gekleidet in eine Rüstung mit Schwert und Schild, lässt sogar seine brennende Fackel fallen, als du ihm von der Idee des Göttervaters berichtest, und folgt augenblicklich. Demeter, die gerade mit Saatgut und Getreide beschäftigt ist, freut sich auf das Zusammentreffen und macht sich sogleich auf zum Olymp. Den längsten Weg, den deine Flügelschuhe beschreiten müssen, ist der zu Poseidon. Der Gott des Meeres wacht über Erdbeben und Pferde. Er will sofort der Einladung seines Bruders Zeus folgen und begibt sich mit seinem Dreizack auf den Weg. Deine Arbeit ist erfolgreich getan. Schnell eilst auch du zurück zu Zeus und seiner Frau Hera auf den Olymp, um endlich zu erfahren, was Zeus berichten will ...

Tauscht euch aus über ...

- ... Hestia
- ... Hera
- ... Athene
- ... Poseidon
- ... Ares
- ... Apollon & Artemis
- ... Demeter
- ... Hephaistos & Aphrodite

Notiere in Stichpunkten Antworten auf die folgenden Fragen.

1. Inhalt
Was hast du über die Griechische Götterwelt bzw. die Olympischen Spiele erfahren?
Schreibe nur Informationen zu der Rolle mit, die du nicht vorbereitet hast.
Notiere während des Rollenspiels auch, welche Inhalte der Darsteller deiner Rolle vergessen hat.
Ergänze erst nach dem Rollenspiel die Inhalte deiner eigenen Rolle.

Griechische Götterwelt (Hermes)	Olympische Spiele (Zeus)
Artemis: ______	Wo & Wann: ______
Apollon: ______	______
Hestia: ______	Wieso: ______
Athene: ______	______
Aphrodite: ______	Vorbereitungen: ______
Hephaistos: ______	______
Poseidon: ______	______
Ares: ______	Sinn/Hintergedanken: ______
Hera: ______	______
	______
	Disziplinen: ______
	______
Bei meiner Rolle fehlte:	

2. Methode
Was hat dir an dem Rollenspiel am besten gefallen?

______

______

Was hat dir an dem Rollenspiel am wenigsten gefallen?

______

______

Bewerte das Rollenspiel mithilfe der abgebildeten Smileys.
Begründe deine Bewertung auf der Rückseite.

Methode

Der Themenkomplex „Leben, Haus und Familie im Römischen Reich" wird mithilfe des Marktplatz-Interviews erarbeitet. Die Sicherung erfolgt auf einem Protokollbogen. Die Vorzüge dieser Variante haben Sie bisher schon an verschiedenen Stellen kennen und bestimmt schätzen gelernt. Dass nach dem Leben im antiken Athen nun auch die Lebensweise im Römischen Reich mit dieser Methode erarbeitet wird, ermöglicht, dass sich die Schüler in ihrer Urteilskompetenz bzgl. Kontinuität und Veränderung in der Zeit üben. Dies stellt eine Schlüsselqualifikation im Fach Geschichte dar. Die Betrachtung der Lebensumstände im antiken Athen und im Römischen Reich sowie ein anschließender Vergleich zeigen exemplarisch auf, dass sich Geschichte verändert.

Hinweise/Tipps

Fachdidaktische Anmerkung
Wie bei anderen Themenkomplexen, die mithilfe dieser Methode behandelt wurden, sollten Sie auch hier aufklären, dass es sich um eine fiktive Situation handelt. Eine Anschlussstunde, die sich mit historischen Quellen befasst, bietet sich hier besonders an.

Hinweise zur Durchführung
Wie schon erwähnt, kann es aufgrund des unterschiedlichen Leistungsniveaus bei der Partneraufgabe sein, dass einer der Partner früher fertig ist. Daher sollten Sie einen sinnvollen Puffer einplanen, der jedoch nicht den Eindruck hinterlässt, für Leistung noch bestraft zu werden. Diesen Eindruck vermitteln zu umfangreiche und trockene Zusatzaufgaben, was auf die Schüler sehr demotivierend – auch für künftige Arbeitsphasen – wirkt. Hier eignet sich beispielsweise eine Kopiervorlage zu den Hausbewohnern und deren Kleidungsstil (zum Ausmalen und Beschriften).

Gruppenanzahl/Gruppenkonzeption
Die Schüler widmen sich zunächst alleine ihrem Arbeitsauftrag, bevor sie im Anschluss mit einem Partner zusammenarbeiten. Die Gruppenbildung eröffnet zahlreiche Alternativen. Sehr viel selbstbestimmter und freier ist die Methode, wenn sich die Schüler selbst einen Interviewpartner gemäß einer ursprünglichen Marktplatzsituation aussuchen können. Dies setzt viel Disziplin voraus, um Chaos und Lärm zu vermeiden. Wollen Sie dies dennoch testen, führen Sie vorher Ruherituale ein (Glocke o. Ä.). Sind Sie sich unsicher, teilen Sie lieber vor der Erarbeitungsphase die Paare ein. Sie können beispielsweise Banknachbarn zusammenarbeiten lassen.

Material

- Materialseiten 1 und 2 in halber Klassenstärke
- Materialseite 3 (Protokollbogen)

Leben, Haus und Familie im Römischen Reich: Du bist Experte!

Lies den unteren Text, der dir hilft, dich in die Rolle des Hausherrn und römischen Bürgers Gaius zu versetzen, der als armer Römer in einem Mietshaus lebt und von seinem, aber auch vom Leben der reichen Römer, berichtet. Präge dir die Inhalte sorgfältig ein, denn später bist du Experte für das Leben im Römischen Reich und beantwortest Fragen eines zeitreisenden Interviewers. Als Hilfe kannst du dir Notizen anfertigen.

Du bist Gaius, der wenig Besitz hat und daher in einem Zimmer einer sogenannten „Mietskaserne" lebt, die es um 100 n. Chr. zuhauf gibt. Fast alles, was du durch deine Arbeit in der römischen Therme einnimmst, musst du an den Vermieter zahlen, um überhaupt ein Dach über dem Kopf zu haben. Du teilst dir ein winziges Zimmer im Dachgeschoss mit einem weiteren Mann. Die Zimmer hier oben sind am günstigsten, jedoch zieht es hier besonders. Eine Heizung oder heißes Wasser gibt es nicht, es ist ungemütlich und kalt. Ein Zimmer in einem niedrigeren Stockwerk kannst du dir noch nicht leisten. Im Erdgeschoss sind kleine Läden von Verkäufern, Kneipen und Werkstätten untergebracht. Manchmal kannst du dir hier eine Brotsuppe leisten, wenn noch etwas von deinem Tageslohn übrig bleibt. Wenn nicht, musst du kalt essen, denn selbst kochen ist in den Zimmern aufgrund der Brandgefahr nicht erlaubt.

Aber nicht allen Römern ergeht es so wie dir. Du weißt, dass es in Rom viele Stadtvillen gibt, in denen wohlhabende Bürger mit ihrer Familie und den Hausangestellten leben. Die Villen ähneln einem Tempel und wurden aus Marmor errichtet. Darin muss man sich selbstverständlich keine Räume mit Fremden teilen, man hat immer eine warme Mahlzeit, heißes Wasser und ein beheiztes Zuhause.

Obwohl gerade in den Villen ein eigenes Bad eingelassen ist, gehen die meisten Römer in die Therme, die in jeder Stadt zu finden ist und die nicht nur ein Ort der Reinlichkeit und des Badens ist, sondern wo man auch Freunde trifft und geschäftliche Angelegenheiten bespricht.

2 Leben, Haus und Familie im Römischen Reich: Du bist zeitreisender Interviewer!

Du bist ein Interviewer auf Zeitreise und begibst dich in die Zeit um 100 n. Chr.
Dein Ziel ist das Römische Reich. Dort triffst du dich mit dem Bürger Gaius, der als relativ armer Mann in einem Mietshaus lebt und dir Auskunft über das Leben dort, aber auch Informationen zum Leben wohlhabender Römer geben kann.
Hierzu bedarf es natürlich einiger Vorbereitungen:

1 Überlege dir eine entsprechende Vorstellung deiner Person und eine Begrüßung für Gaius.

2 Formuliere mithilfe der Stichwörter in den Gedankenblasen Fragen, die du dem Diener stellen wirst. Notiere diese bereits auf deinem Protokollbogen.
Achte darauf, dass sich die Fragen nicht nur mit „ja" oder „nein" beantworten lassen! Gaius soll dir ausführlich berichten können.

Beispiel:

Arme Römer?

Gute Frage: Gaius, wie sind die Wohnverhältnisse armer Römer?

Schlechte Frage: Gaius, wohnen arme Römer unter bestimmten Bedingungen?

3 Notiere während des Interviews mit und halte im Anschluss die Antworten Gaius' auf dem Protokollbogen fest.

Aufbau Stadtvilla?

Reiche Römer?

Aufbau Mietshaus?

Römische Therme?

Leben, Haus und Familie im Römischen Reich: Protokollbogen Interview

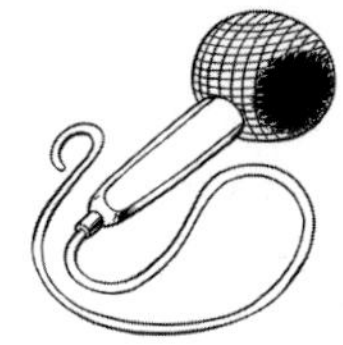

Interviewer: ______________________________

Experte (Gaius): ______________________________

____

____

____

Interviewer: ______________________________

Experte (Gaius): ______________________________

____

____

____

Interviewer: ______________________________

Experte (Gaius): ______________________________

____

____

____

____

Interviewer: ______________________________

Experte (Gaius): ______________________________

____

____

____

____

Interviewer: ______________________________

Experte (Gaius): ______________________________

____

____

____

____

Methode

Mithilfe der Methode „Placemat" („Platzdeckchen") können die Schüler in einer ersten Phase zunächst die wesentlichen Inhalte aus den bereitgestellten Informationstexten entnehmen und individuell zusammenfassen.
Anschließend kommunizieren sie mit den anderen Gruppenmitgliedern, um ihre Ergebnisse abzugleichen.
Hierbei gibt es zwei Möglichkeiten: Zum einen können sich die Schüler in dieser zweiten Phase der Methode absprechen. Dabei vergleichen sie ihre Ergebnisse, ergänzen oder kürzen diese und verbessern eigene Fehler oder die der anderen.
Zum anderen könnte dieser Prozess auch nonverbal vonstattengehen. Nach Beendigung der individuellen Erarbeitungsphase läutet die Lehrkraft die zweite Phase, z. B. durch ein Tonsignal, ein. Die Schüler drehen die Placemat um 90°, lesen das Ergebnis ihres Nachbarn und ergänzen schriftlich Anmerkungen dazu. Dieser Vorgang wird so oft wiederholt, bis jeder alle Ergebnisse einsehen konnte und seine eigenen Notizen plus Rückmeldung der anderen wieder vor sich hat. Schließlich einigt man sich im Gespräch auf eine Musterlösung und hält diese in der Mitte der Placemat-Vorlage fest.
Durch die Placemat-Methode werden grundlegende Dinge trainiert und eingefordert: 1. konzentriertes Arbeiten (ohne sich verbal auszudrücken), 2. auf die Gedanken und Fragen der Mitschüler eingehen, 3. Arbeitsergebnisse der einzelnen Schüler besprechen, sich auf einen „Kern" einigen und gemeinsam ausformulieren.

Hinweise/Tipps

Hinweise zur Durchführung

- Den Schülern fällt es meist sehr schwer, nicht zu sprechen. Daher wird diese Regel, die mit der Methode unmittelbar verbunden ist, in der Anfangsphase oft gebrochen, muss aber in Phase 1 (s. Methodensteckbrief) unbedingt eingefordert werden.
- Eine Erweiterung mit der Methode „Gruppenpuzzle" ist denkbar. Dann schließt sich eine Phase an, in der die Experten ihre Erkenntnisse aus der Placemat-Erarbeitung in ihre Stammgruppen tragen.

Gruppenanzahl/Gruppenkonzeption

- Vierergruppen sind für die Placemat-Methode optimal. Denn dann steht jedem Gruppenmitglied eine „eigene Ecke" auf der Placemat zur Verfügung. Sollte die Gruppengröße sich nicht gleichmäßig einteilen lassen, ist es ratsam, Gruppen mit drei und vier Schülern zu bilden. Fünf Gruppenmitglieder sind für das Arbeiten in Gruppen zu viel und so kann nicht garantiert werden, dass alle Mitglieder am Austausch der Erfahrungen, Fragen und des Vorwissens beteiligt sind. Die Vorlage auf Materialseite 5 ist für vier Schüler konzipiert.
- Während die Schüler die Ecken mit Gedanken und Wissen füllen, sollten sie eine entsprechende Sitzordnung einnehmen:

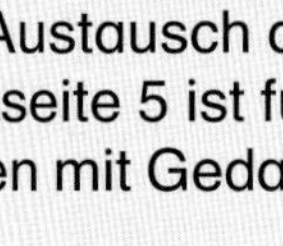

Material

- Materialseiten 1–4 in ein Viertel der Klassenstärke
- Materialseite 5 (Placemat) für jede Gruppe in DIN-A3-Größe
- Klingel oder anderes akustisches Signal zum Schreibwechsel

1 Lies zunächst den Informationstext aufmerksam. Mache dir gegebenenfalls Randnotizen und unterstreiche Inhalte, die du besonders wichtig findest.

2 Notiere dein Ergebnis in deinem Feld der Placemat.

3 Vergleicht eure Ergebnisse gemeinsam, besprecht Unterschiede und einigt euch schließlich auf eine Musterlösung. Haltet diese in der Mitte der Placemat fest.

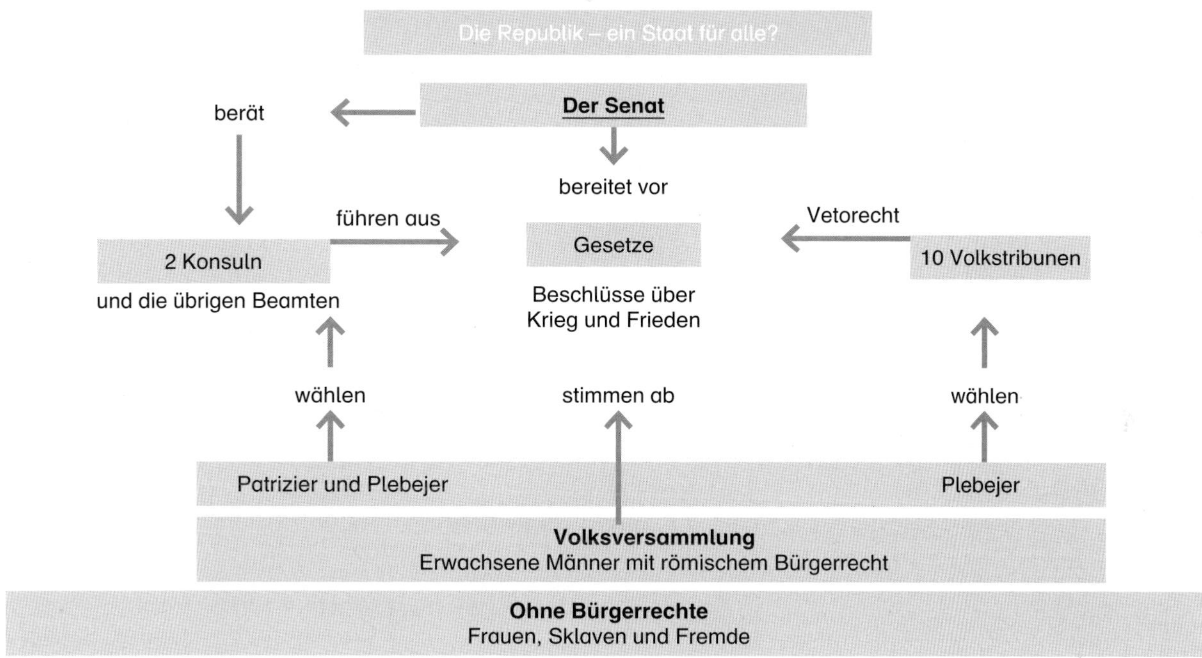

Der Senat ist das Regierungsorgan der römischen Republik. Übersetzt heißt er „Rat der Ältesten“, was die Mitglieder auch wirklich waren: Sie waren die Oberhäupter der Adelsfamilien. Da sich niemand gegen sie oder ihre Entscheidungen stellen konnte, waren sie „unantastbar“ und bestimmten die Politik im alten Rom. Das heißt, dass sie Gesetze und Beschlüsse vorbereiteten, über Krieg und Frieden bestimmten und die beiden Konsuln (die obersten Heeresführer, die den Staat leiteten) berieten. Somit war der Senat Gesetzgeber: Sollte ein Beschluss gefasst werden, wurde abgestimmt. Mindestens 100 Senatoren der insgesamt 300 Mitglieder mussten anwesend sein, damit der Beschluss möglich und gültig war. Wichtig zu wissen ist jedoch, dass die Aufgaben, die der Senat ausübte, nicht alle gesetzlich festgehalten waren. So war nur festgeschrieben, dass der Senat den verschiedenen Feldherren im Krieg Aufgaben zuwies oder die Gelder verteilte bzw. über deren Verwendung bestimmte. Die Sitzungen des Senats fanden in geweihten Räumen statt, so war der wichtigste Tagungsort die „Curia Hostilia“.

Senatoren erkannte man bereits von Weitem an ihrer Kleidung. Sie trugen eine helle Tunika, die mit einem breiten rötlichen Streifen verziert war, sowie einen goldenen Siegelring.

2 Wie die Römer ihr Weltreich regierten: Die Patrizier

1 Lies zunächst den Informationstext aufmerksam. Mache dir gegebenenfalls Randnotizen und unterstreiche Inhalte, die du besonders wichtig findest.

2 Notiere dein Ergebnis in deinem Feld der Placemat.

3 Vergleicht eure Ergebnisse gemeinsam, besprecht Unterschiede und einigt euch schließlich auf eine Musterlösung. Haltet diese in der Mitte der Placemat fest.

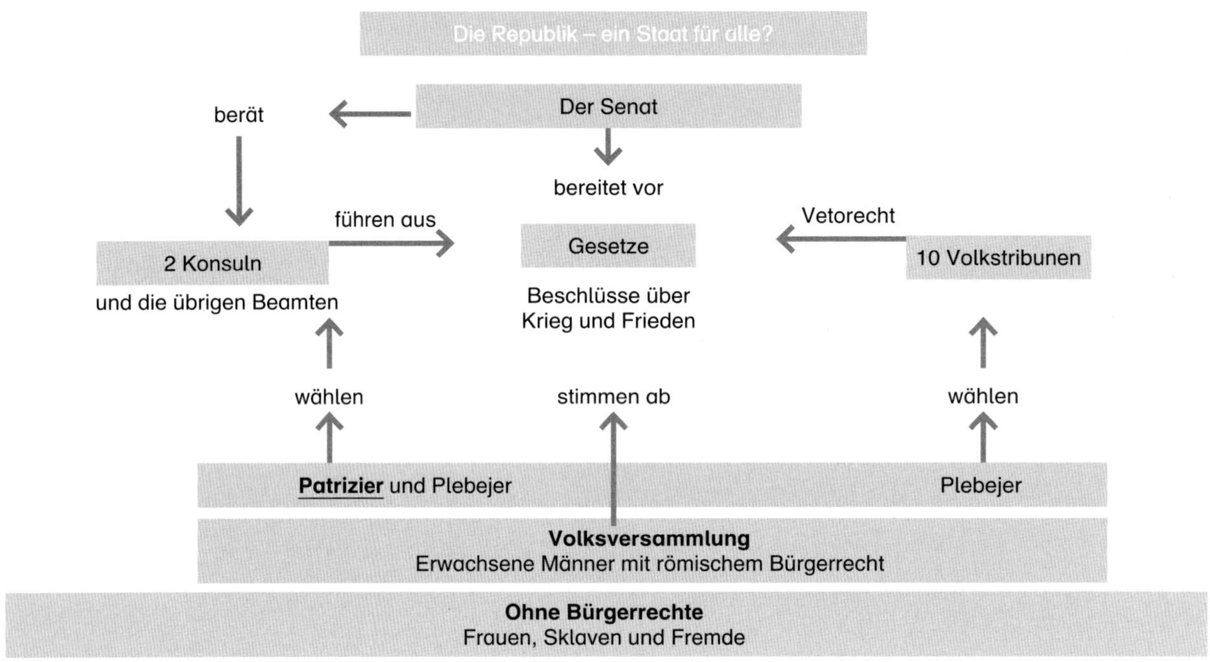

Das Wort „Patrizier“ bedeutet frei übersetzt „römischer Adel“: Sie besaßen viel Land und hatten Macht im Staat. Somit standen sie an der Spitze im Staat, hatten wichtige Staatsämter inne, stellten Offiziere im Krieg und leiteten sogar Tempel. Für sie arbeiteten zahlreiche Sklaven und Landarbeiter. Sie durften ihr Einkommen nur aus ihrem Grund und Boden erzielen. Da sie selbst keine körperliche Arbeit verrichten mussten, hatten sie viel Geld und auch Zeit, um politische Ämter zu übernehmen und an Senatssitzungen teilzunehmen. Bestimmte Ämter, wie die des Senatsvorsitzenden, waren für die Patrizier reserviert und durften von der niedrigeren Bevölkerungsschicht, den Plebejern, nicht wahrgenommen werden. Ebenso waren Ehen zwischen Patriziern und Plebejern verboten („Mischehen“), was sich erst später lockerte. In Rom waren Macht und Besitz sehr ungleich verteilt. Die Patrizier hatten von beidem mehr als die Plebejer: Sie durften bei der Wahl eines Konsuls in die Volksversammlung als Erste abstimmen. Obwohl die Schicht der Patrizier die kleinste war, hatten sie den größten Stimmanteil.

Wie die Römer ihr Weltreich regierten: Die Plebejer

1 Lies zunächst den Informationstext aufmerksam. Mache dir gegebenenfalls Randnotizen und unterstreiche Inhalte, die du besonders wichtig findest.

2 Notiere dein Ergebnis in deinem Feld der Placemat.

3 Vergleicht eure Ergebnisse gemeinsam, besprecht Unterschiede und einigt euch schließlich auf eine Musterlösung. Haltet diese in der Mitte der Placemat fest.

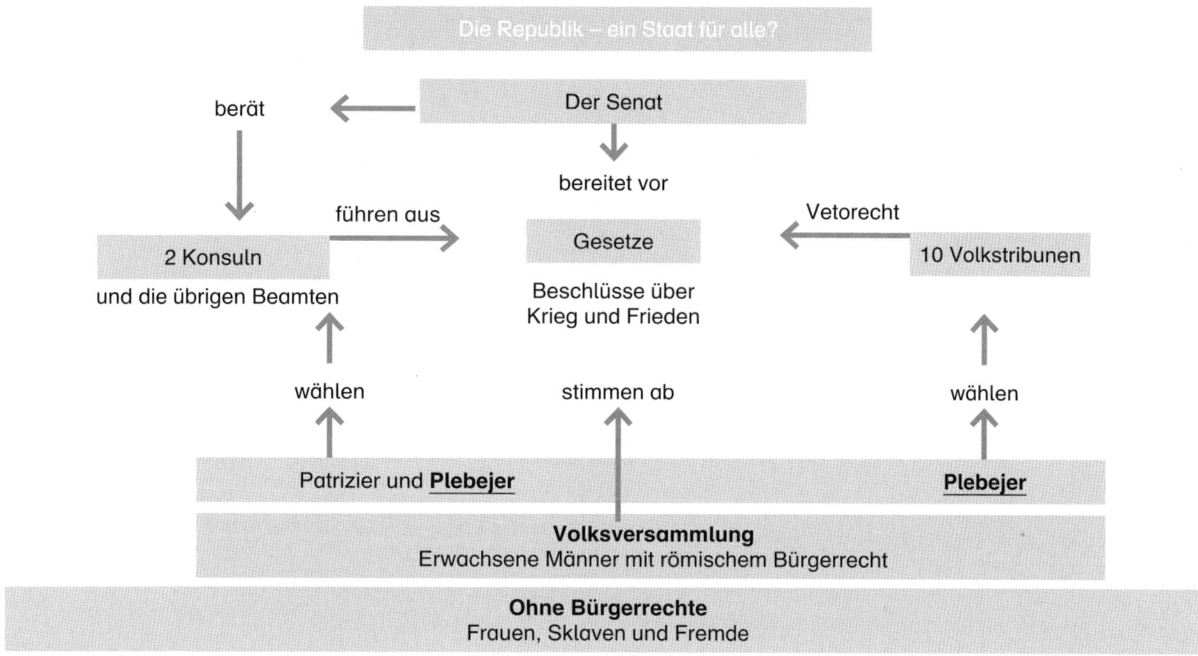

Die „Plebejer" waren das einfache Volk. Das heißt, sie besaßen zwar das römische Bürgerrecht, waren aber sehr arm. Dies zeigte sich auch an ihrer Kleidung. Sie trugen eine einfache kurze Toga, keinen Schmuck oder Tuniken wie die Senatoren. Sie verdienten sich ihren Lebensunterhalt selbst, indem sie als Bauern oder Handwerker arbeiteten. Sie konnten meist gerade so ihre Familien ernähren, sich aber sonst nicht viel leisten. Deshalb waren sie in der römischen Gesellschaft nicht hoch angesehen und Patrizier mieden den Kontakt mit ihnen. Auch „Mischehen" zwischen Patriziern und Plebejern waren verboten. Erklärte der Senat einem Volk den Krieg, so griff man hier auf die armen Plebejer zurück: Sie mussten in den Krieg ziehen und die Waffen, die sie benötigten, selbst zahlen. Aber es gab auch Plebejer, die mehr Geld hatten als die anderen ihrer Schicht: Sie konnten sich als Händler etwas Wohlstand verdienen und sich so als Ritter ihren Kriegsdienst leisten. Sie mussten – im Gegensatz zu den meisten anderen – nicht zu Fuß kämpfen. Da sie sich nicht mehr um ihre Arbeit kümmern konnten, verarmten viele Plebejer durch den Kriegsdienst, sodass sie schließlich versklavt und gekauft wurden.

Obwohl die Plebejer ganz am Ende der Rangordnung standen, waren sie sehr bedeutsam für das alte Rom: Sie arbeiteten und sorgten für Roms Wohlstand, sie kämpften für das Römische Reich im Krieg. Mit der Zeit fühlten sie sich immer ungerechter behandelt und wollten bei politischen Entscheidungen mitwirken. Sie drohten sogar damit, ihren Kriegsdienst zu verweigern. Nach einem Kampf von über 200 Jahren waren die Plebejer endlich gleichberechtigt, konnten hohe Staatsämter besetzen und mitentscheiden. Ein Meilenstein war das Amt des „Volkstribunen", das die Plebejer besetzen konnten: Die zehn Volkstribunen wurden nur von Plebejern gewählt und konnten mit ihrem „Veto" (übersetzt: „ich verbiete") Beschlüsse der Senatoren zunichtemachen.

4 Wie die Römer ihr Weltreich regierten: Die Verfassung der römischen Republik

1 Lies zunächst den Informationstext aufmerksam. Mache dir gegebenenfalls Randnotizen und unterstreiche Inhalte, die du besonders wichtig findest.

2 Notiere dein Ergebnis in deinem Feld der Placemat.

3 Vergleicht eure Ergebnisse gemeinsam, besprecht Unterschiede und einigt euch schließlich auf eine Musterlösung. Haltet diese in der Mitte der Placemat fest.

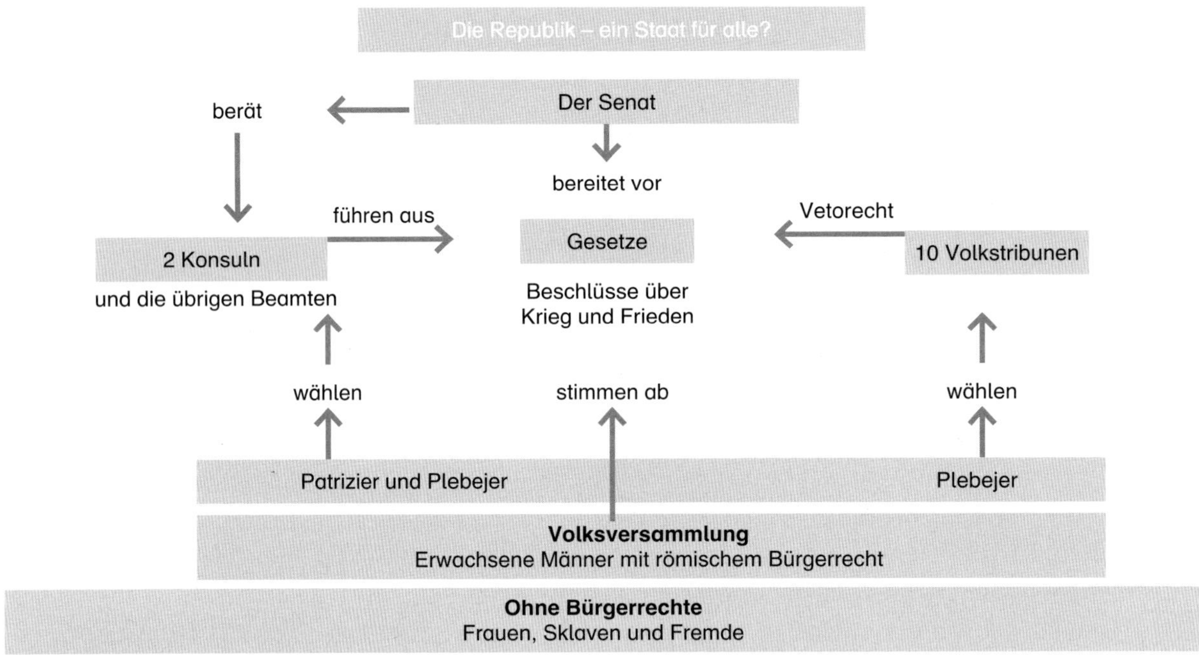

Nachdem der letzte etruskische König um 500 v. Chr. vertrieben worden war, nannten die Römer ihren Staat eine „res publica", „Republik". Damit wollte man ausdrücken, dass der Staat eine öffentliche Sache, eine Angelegenheit aller sei. In einer Republik ist das Volk die höchste Gewalt im Staat. Schaut man sich aber die Verteilung der Macht im alten Rom an, so muss man noch einmal kritisch hinterfragen, ob die Macht wirklich vom <u>ganzen</u> römischen Volk ausgeht:
Ganz unten waren im römischen Staat Frauen, Kinder und Sklaven angesiedelt, sie waren entrechtet und hatten somit keinerlei Mitbestimmungsrecht. Die Volksversammlung, der erwachsene Männer mit römischem Bürgerrecht beiwohnten, wurde von den Patriziern (Adel) und Plebejern (einfaches Volk) gewählt und wurde durch sie besetzt – allerdings in einem ganz unterschiedlichen Verhältnis: Während die Patrizier zuerst wählten und viel mehr Stimmen zur Verfügung hatten, bildeten die Plebejer das Schlusslicht. Die Patrizier und die wenigen reichen Plebejer bestimmten durch ihre Wahl die beiden Konsuln, die die Spitze des Staates bildeten. Diese führten Gesetze aus. Den Plebejern war nach 200-jährigem Kampf das Amt des „Volkstribunen" eingeräumt worden, wovon es zehn gab. Sie hatten ein „Vetorecht" inne und konnten dann – nach Jahrhunderten ohne Macht – den Patriziern die Stirn bieten. Der eigentliche Schirmherr war jedoch der Senat: Die 300-köpfige Kammer wurde nur vom Adel besetzt und bestimmte generell die Politik in der römischen Republik.
War Rom nun eine Republik im eigentlichen Sinne?

Methode

Der Themenkomplex rund um die Ermordung von Gaius Julius Caesar wird mithilfe des bereits bekannten Marktplatz-Interviews von den Schülern selbstständig bearbeitet und durch den Protokollbogen entsprechend gesichert. Gerade das Erforschen der Ursachen bzw. der Hintergründe des Mordes an Caesar lässt sich durch ein Formulieren von W-Fragen optimal umsetzen, weshalb sich das Marktplatz-Interview hier besonders anbietet. Dieser Prozess des Fragenstellens ist enorm wichtig, denn ein kompetenzorientierter Geschichtsunterricht befähigt zur Aufarbeitung und sinnvollen Einordnung von Fakten über Sachverhalte und Ereignisse (der Mord) sowie Personen (Caesar). Zudem wird die narrative Kompetenz geschult.

Hinweise/Tipps

Fachdidaktische Anmerkungen

Wie bei anderen Themenkomplexen, die mithilfe dieser Methode behandelt wurden, sollten Sie auch hier aufklären, dass es sich um eine fiktive Situation handelt. Eine Anschlussstunde, die sich mit historischen Quellen befasst, bietet sich hier besonders an.

Bevor Sie sich mit den Schülern dieser Stunde bzw. Doppelstunde widmen, sollten Sie die Person Gaius Julius Caesar aufgreifen und wichtiges Grundwissen wie Eckdaten und die Rolle des römischen Feldherrn („Diktator") thematisieren. Dabei können Sie beispielweise auf „Asterix und Obelix" zurückgreifen: Diese sind den Schülern nach wie vor bekannt (heutzutage jedoch eher aus Film und Fernsehen und weniger aus Comics). So gelingt es, die Schüler für den Unterricht zu motivieren.

Hinweise zur Durchführung

Wie schon erwähnt, kann es aufgrund des unterschiedlichen Anspruchsniveaus der Aufgaben sein, dass ein Partner seinen Teilbereich schneller bearbeitet. Daher sollten Sie einen sinnvollen Puffer einplanen, der jedoch nicht den Eindruck erweckt, für Leistung noch bestraft zu werden. Zu umfangreiche und trockene Zusatzaufgaben empfinden Schüler so, was auf sie sehr demotivierend – auch für künftige Arbeitsphasen – wirkt.

Bei den Zusatzaufgaben könnten Sie wiederum auf „Asterix und Obelix" zurückgreifen und so eine tolle Schleife zum Einstieg dieser Sequenz vollziehen. Beispielsweise können Comicseiten kopiert, Sprechblasen ausgefüllt oder weggenommene Bilder zum Sachverhalt neu und selbst gezeichnet werden.

Gruppenanzahl/Gruppenkonzeption

Die Schüler widmen sich zunächst alleine ihrem Arbeitsauftrag, bevor sie im Anschluss mit einem Partner zusammenarbeiten. Die Gruppenbildung eröffnet zahlreiche Alternativen. Sehr viel selbstbestimmter und freier ist die Methode, wenn sich die Schüler selbst einen Interviewpartner gemäß einer ursprünglichen Marktplatzsituation aussuchen können. Dies setzt viel Disziplin voraus, um Chaos und Lärm zu vermeiden. Wollen Sie dies dennoch testen, führen Sie vorher Ruherituale ein (Glocke o. Ä.). Sind Sie sich unsicher, teilen Sie die Paare lieber vor der Erarbeitungsphase ein. Sie können beispielsweise Banknachbarn zusammenarbeiten lassen.

Material

- Materialseiten 1 und 2 in halber Klassenstärke
- Materialseite 3 (Protokollbogen)

Lies den Text, der dir hilft, dich in die Rolle des römischen Bürgers Romulus zu versetzen, der die Ermordung Caesars mit angesehen hat und nun dazu berichten kann. Präge dir die Inhalte sorgfältig ein, denn später bist du Experte für die Ermordung Caesars und beantwortest Fragen eines zeitreisenden Interviewers. Als Hilfe kannst du dir Notizen anfertigen.

15. März 44 v. Chr., es ist ein nebliger Morgen. Du bist Romulus, ein römischer Bürger, der der Versammlung im Pompeiustheater in Rom beigewohnt hat. Marcus Iunius Brutus (genannt Brutus), ein Vertrauter Caesars, hatte erzählte, dass der Diktator sich nicht gut fühlte und regelrecht überredet werden musste, an der Versammlung teilzunehmen.
Du konntest beobachten, dass sich Caesar wie gewöhnlich auf seinen Platz gesetzt hat. Sogleich wurde er von einer Gruppe von Menschen umringt, den Senatoren.
Diese holten plötzlich Dolche hervor und erstachen den obersten Herrscher des Römischen Reiches. Unter den Mördern war auch Brutus. Als Caesar verblutete und noch bei Bewusstsein war, sprach er einen letzten Satz: „Auch du, mein Sohn?" Viele unschuldige Beobachter, die nichts mit dem Anschlag zu tun hatten, wohnten der Ermordung bei, trauten sich im Schock nicht zu gehen und nicht zu sprechen. Auch dir stockte der Atem.

Als Caesar zusammensank, hörtest du einige Stimmen fragen, wieso dieser Mord geschehen musste. Brutus und auch Gaius Cassius erklärten, dass Caesar ein Tyrann gewesen sei, der sich für die Zeit seines restlichen Lebens zum Diktator habe ernennen lassen. Dies war in Rom so nicht vorgesehen, sondern auf eine Krisenzeit von ungefähr einem halben Jahr beschränkt. Viele Senatoren, so Gaius Cassius, hatten Angst, immer mehr an Macht zu verlieren. „Caesar musste sterben, um das Gleichgewicht wieder herzustellen", erklärte er weiter.

Caesars Leiche wurde aufgebahrt und in den blutgetränkten Kleidern der Bevölkerung gezeigt. Du hast mit angesehen, wie sie den Diktator an sich gerissen und auf einer Art Scheiterhaufen verbrannt haben. Nur einen Monat später hast du Brutus und Cassius beobachtet, wie sie aus Rom flüchteten. Sie selbst sahen sich als Wiederhersteller der Ordnung und Befreier Roms. Denn obwohl die Bevölkerung Caesars Größenwahn und seine Alleinherrschaft ablehnte, weißt du auch, dass er in vielen Bereichen der Gesellschaft ehrenamtlich tätig war, die beliebten Wagenrennen und Gladiatorenkämpfe erlaubte und viel Geld ausgab, um sich beim Volk beliebt zu machen.

2 Die Ermordung von Gaius Julius Caesar: Du bist zeitreisender Interviewer!

Lies den Text, der dir hilft, dich in die Rolle des römischen Bürgers Romulus zu versetzen, der die Ermordung Caesars mitangesehen hat und nun dazu berichten kann. Präge dir die Inhalte sorgfältig ein, denn später bist du Experte für die Ermordung Caesars und beantwortest Fragen eines zeitreisenden Interviewers. Als Hilfe kannst du dir Notizen anfertigen.
Hierzu bedarf es natürlich einiger Vorbereitungen:

1 Überlege dir eine entsprechende Vorstellung deiner Person und eine Begrüßung für Romulus.

2 Formuliere mithilfe der Stichwörter in den Gedankenblasen Fragen, die du Romulus stellen wirst. Notiere diese bereits auf deinem Protokollbogen.
Achte darauf, dass sich die Fragen nicht nur mit „ja“ oder „nein“ beantworten lassen! Romulus soll dir ausführlich berichten können.

Beispiel:

Wer?

Gute Frage: Romulus, wer war Gaius Julius Caesar?

Schlechte Frage: Romulus, war Gaius Julius Caesar oberster Herrscher im Römischen Reich?

3 Notiere während des Interviews mit und halte im Anschluss die Antworten von Romulus auf dem Protokollbogen fest.

Wer?

Stellung Caesars?

Wie?

Wann?

Nach dem Tod?

Wo?

Wieso?

Die Ermordung von Gaius Julius Caesar: Protokollbogen Interview

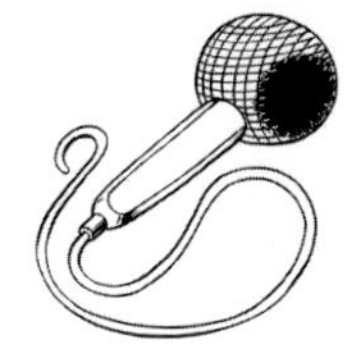

Interviewer: ______________________________

Experte (Romulus): ______________________________

____

Interviewer: ______________________________

Experte (Romulus): ______________________________

____

Interviewer: ______________________________

Experte (Romulus): ______________________________

____

Interviewer: ______________________________

Experte (Romulus): ______________________________

____

Interviewer: ______________________________

Experte (Romulus): ______________________________

____

Interviewer: ______________________________

Experte (Romulus): ______________________________

____

Interviewer: ______________________________

Experte (Romulus): ______________________________

____

Interviewer: ______________________________

Experte (Romulus): ______________________________

____

Methode

Der Untergang des Römischen Reiches wird mithilfe des Marktplatz-Interviews erarbeitet, die Ergebnisse werden im Anschluss daran auf dem Protokollbogen gesichert. Wie bei der Unterrichtseinheit „Die Ermordung von Gaius Julius Caesar“ (ab S. 64) werden hier die Ursachenforschung und das Fragenstellen an die Geschichte in den Mittelpunkt gerückt, um einen kompetenzorientierten Geschichtsunterricht zu ermöglichen. Dadurch, dass bei dieser Methode die Schüler in eine Rolle schlüpfen, sich Wissen aneignen, Fragen selbst ausformulieren sowie beantworten und die Antworten kurz festhalten, wird die narrative Kompetenz besonders geschult.

Hinweise/Tipps

Fachdidaktische Anmerkung

Sie sollten Ihren Schülern verdeutlichen, dass es sich um eine fiktive Situation handelt, die nicht real passiert ist. Dies ist für das Geschichtsbewusstsein enorm wichtig. Eine Anschlussstunde, die sich mit historischen Quellen befasst, bietet sich auch hier besonders an, wenn Sie darauf nicht bereits bei vorherigen Stunden zurückgegriffen haben.
Wichtig ist, dass Sie mit den Schülern vor der Behandlung des Untergangs des Römischen Reiches einige Grundlagen erarbeiten. Hierzu gehören das Volk der Germanen, das der Westgoten sowie das der Hunnen (jeweils Leben und Ausbreitung). Diese spielen eine große Rolle beim Untergang des Weltreichs und werden daher in dem folgenden Aufgabenkomplex erwähnt. Ebenso sollten Sie die Grenzsicherung der Römer (insbesondere den „Limes“) behandeln, damit die Schüler ein Bewusstsein dafür entwickeln, wieso es solch eine Besonderheit war, dass plötzlich ein Volk das Römische Reich angriff.

Hinweise zur Durchführung

Als Puffer bietet sich für leistungsstärkere Schüler eine Karte um 500 n. Chr. an, die die neue Aufteilung zeigt bzw. germanische Nachfolgereiche auf ehemaligem römischen Gebiet verdeutlicht. Die Karte kann schwarz-weiß kopiert und von den Schülern nach einem Schema eingefärbt werden. Eine Möglichkeit zur Selbstkontrolle durch ein Lösungsblatt ist dann naheliegend. Alternativ könnte die Karte auch als Puzzle korrekt zusammengefügt werden.

Gruppenanzahl/Gruppenkonzeption

Die Schüler widmen sich zunächst alleine ihrem Arbeitsauftrag, bevor sie im Anschluss mit einem Partner zusammenarbeiten. Die Gruppenbildung eröffnet zahlreiche Alternativen. Sehr viel selbstbestimmter und freier ist die Methode, wenn sich die Schüler selbst einen Interviewpartner gemäß einer ursprünglichen Marktplatzsituation aussuchen können. Dies setzt viel Disziplin voraus, um Chaos und Lärm zu vermeiden. Wollen Sie dies dennoch testen, führen Sie vorher Ruherituale ein (Glocke o. Ä.). Sind Sie sich unsicher, teilen Sie lieber vor der Erarbeitungsphase die Paare ein. Sie können beispielsweise Banknachbarn zusammenarbeiten lassen.

Material

- Materialseiten 1 und 2 in halber Klassenstärke
- Materialseite 3 (Protokollbogen)

Lies den Text, der dir hilft, dich in die Rolle des römischen Bürgers Cornelius zu versetzen, der dir wichtige Fakten zum Untergang des Römischen Reiches berichten kann. Präge dir die Inhalte sorgfältig ein, denn später bist du Experte für den Untergang Roms und beantwortest Fragen eines zeitreisenden Interviewers. Als Hilfe kannst du dir Notizen anfertigen.

Du bist Cornelius, ein Bürger des alten Roms, der miterlebt hat, wie das Römische Reich unterging. Auslöser dafür waren viele verschiedene Probleme.
375 n. Chr. begann die „Völkerwanderung“: Die Bevölkerung nahm stark zu, die Ernteerträge waren aufgrund des veränderten Klimas schlecht, Überschwemmungen waren an der Tagesordnung, sodass die Hunnen – bekannt als grausame Krieger – sich an neuen Orten niederließen. Die Völker, die dort sässig waren, darunter auch die Westgoten, flohen. Sie wollten sich in Sicherheit bringen und siedelten in das Gebiet des Römischen Reiches über. Am 24. August 410 n. Chr. gelang es den Westgoten sogar, als erstes Volk seit 800 Jahren die Mauern Roms zu überwinden. Dies war möglich, da Rom zu diesem Zeitpunkt sehr schwach war: Viele verschiedene Kaiser regierten das Reich und wurden ermordet oder starben. Da die Bevölkerung schrumpfte, wurde kaum Handel betrieben. Geld war weniger wert und die Steuereinnahmen sanken. Man war nicht mehr stolz darauf, Römer zu sein.
Du kannst dich daran erinnern, dass das Römische Reich 395 n. Chr. in zwei Hälften geteilt wurde – in das Westreich und in das Ostreich. Man hoffte, dass durch die Teilung und somit Verkleinerung das Römische Reich besser verteidigt werden konnte. Allerdings wurde Rom 410 n. Chr. von den Westgoten unter König Alarich erobert. Im Westreich wurden von Germanen viele verschiedene eigene Stämme gegründet, der letzte weströmische Kaiser wurde vom Germanen Odoaker 476 n. Chr. abgesetzt. Das Reich der Franken stieg als einziges Reich weiter auf. Im Ostreich war das anders: Ein römischer Kaiser regierte bis 1453 n. Chr. weiter, mit „Byzanz“ als Hauptstadt. Daher erhielt es den Namen „Byzantinisches Reich“.

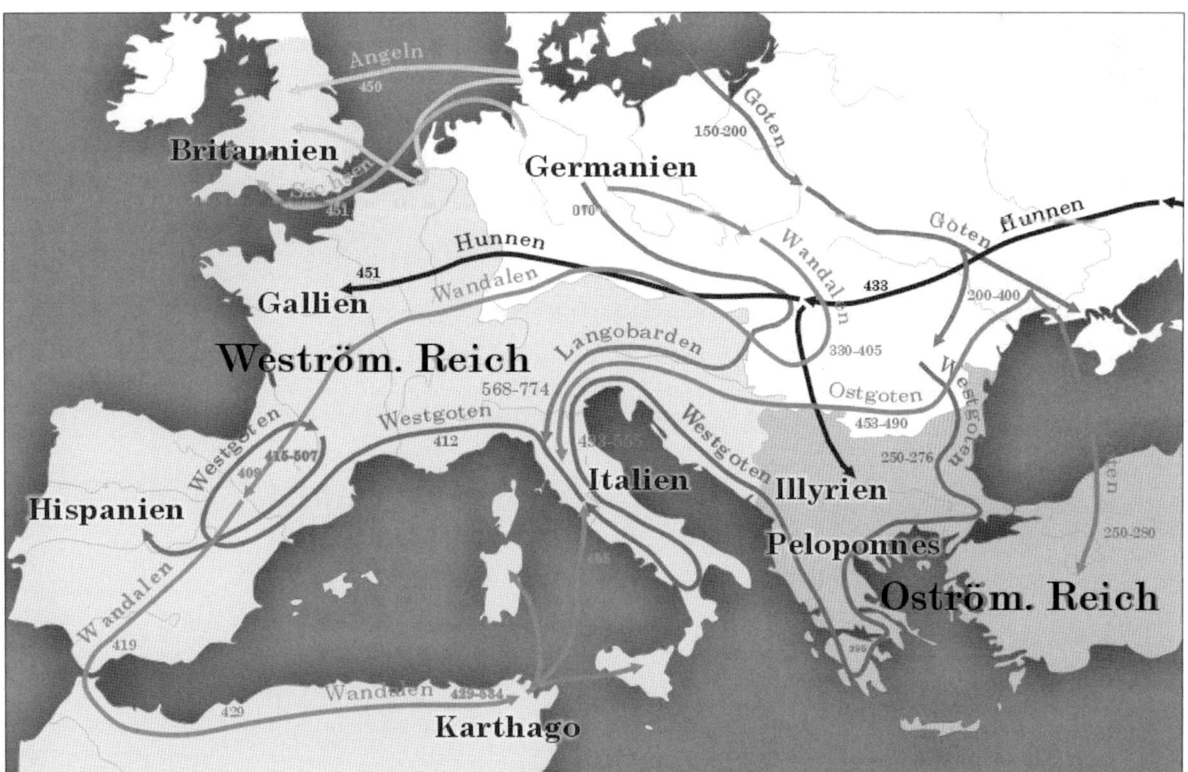

2 Untergang des Römischen Reiches: Du bist zeitreisender Interviewer!

Du bist ein Interviewer auf Zeitreise und begibst dich um 410 n. Chr. in das ehemalige Römische Reich. Dort triffst du den römischen Bürger Cornelius, der dir Auskunft zum Untergang des Römischen Reiches geben kann.
Hierzu bedarf es natürlich einiger Vorbereitungen:

1 Überlege dir eine entsprechende Vorstellung deiner Person und eine Begrüßung für Cornelius.

2 Formuliere mithilfe der Stichwörter in den Gedankenblasen Fragen, die du Cornelius stellen wirst. Notiere diese bereits auf deinem Protokollbogen.
Achte darauf, dass sich die Fragen nicht nur mit „ja" oder „nein" beantworten lassen! Cornelius soll dir ausführlich berichten können.

Beispiel:

Wann?

Gute Frage:	Cornelius, wann ging das Römische Reich unter?
Schlechte Frage:	Cornelius, ging das Römische Reich im 4. Jahrhundert nach Christus unter?

3 Notiere während des Interviews mit und halte im Anschluss die Antworten von Cornelius auf dem Protokollbogen fest.

Teilung Roms?

Wer?

Wieso?

Entwicklung Ostreich?

Entwicklung Westreich?

Interviewer: ______________________________

Experte (Cornelius): ______________________________

____

____

Interviewer: ______________________________

Experte (Cornelius): ______________________________

____

____

Interviewer: ______________________________

Experte (Cornelius): ______________________________

____

____

Interviewer: ______________________________

Experte (Cornelius): ______________________________

____

____

Interviewer: ______________________________

Experte (Cornelius): ______________________________

____

____

Interviewer: ______________________________

Experte (Cornelius): ______________________________

____

____

Wenn keine Lösungen angegeben wurden, handelt es sich um offene, individuelle Lösungen.

Seite 14:

Angaben/Zuordnungen auf und in der Zeitleiste (von links):

- **Urgeschichte (2 Mio. Jahre v. Chr. – 3000 v. Chr.)**
  Altsteinzeit: Menschen als Wanderer ohne Wohnsitz, stellen aus Holz und v. a. Steinen Waffen her, waren Jäger und Sammler, Eiszeiten
  Jungsteinzeit: Sesshaftigkeit, Vorratshaltung, Leben als Bauern und Tierhalter, neue Dörfer entstehen
  Metallzeit: Herstellung neuer Werkzeuge aus Kupfer und Bronze ➔ Kupfer- und Bronzezeit, Entstehung eines Arbeitsmarkts durch Arbeit im Bergwerk, neue Berufe wie Holzfäller und Erzzerkleinerer, Erzeugung für Eigenbedarf und Handel, Ausbau von Verkehrsnetzen

- **Frühe Hochkultur (3000 v. Chr. – 30 v. Chr.)** am Beispiel Ägypten: sehr fortschrittliche Lebensweise, feste Ordnung, Nil als Wasserquelle, Arbeitsstätte, Bewässerungsanlage, erster Kalender, Erfindung der Schriftzeichen, Beruf des Schreibers, Schulbesuch (meist jedoch von Jungen), Zeit der Pyramiden (z. B. „Pyramiden von Gizeh") um 2500 v. Chr. ➔ dienten als Grabmäler u. a. für Tutanchamun, der 1323 v. Chr. starb

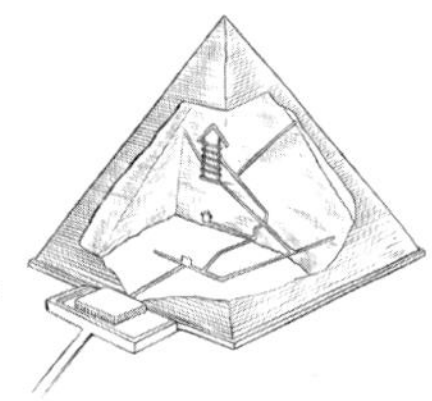

- **Antike/Altertum (1200 v. Chr. – 500 v. Chr.)**
  Griechenland: erst viele Stadtstaaten, „polis", dann ein großer Staat, Staatsform „Demokratie" geschaffen, Idee durch Kleisthenes um 500 v. Chr., ungerechte Verteilung von Macht bei Wahlen, bekanntes Bauwerk „Akropolis" als Tempel für Göttin Athene um 447–432 v. Chr., Zeit der griechischen Götter und Sagen, Olympische Spiele seit 776 v. Chr., Zeit des Krieges wie unter Alexander dem Großen
  Rom: Ausbreitung Dorf zum Weltreich, Sage um Romulus und Remus, 510 v. Chr. Ausrufung der römischen Republik, Adel (Patrizier), armes Volk (Plebejer), ungleiche Machtverteilung und lange Kämpfe, Ausbreitung des Römischen Reichs durch viele Kriege, z. B. unter Hannibal (218–201 v. Chr.), Ermordung Caesars 44 v. Chr., Zeit unter Kaiser Augustus und Frieden in Rom, Untergang 476 n. Chr.

- **Mittelalter (496 n. Chr. – 1400 n. Chr.)**
  Frühes Mittelalter: Kennzeichnung durch Religion und Glaube, Tötung aufgrund von Bekehrungsversuchen, z. B. Bonifatius
  Hochmittelalter: Neuheiten in der Landwirtschaft wie Dreifelderwirtschaft, Erfindungen wie Pflug, Sense, Kummet; Bauern waren unfrei, Zeit der Ritter ➔ zogen für Adlige in den Krieg, Ritterrüstungen, Städte entwickelten sich, Aufkommen von Handel, schlechte hygienische Bedingungen
  Spätmittelalter: Hochzeit der Pest und anderer Seuchen, Ausrottung ganzer Städte, Ausgrenzung von Kranken

- **Neuzeit (1500 n. Chr.– heute):** hat einen Anfang, aber (noch) kein Ende, neues Denken von der Welt und dem Weltbild, Erde ist keine Scheibe, Hinrichtung Galileis 1633 für diesen Gedanken, Buchdruck von Gutenberg, Entdeckung der Seewege und vieler neuer Länder und Kontinente wie „Kap der guten Hoffnung" in Südafrika durch Diaz im Jahr 1487, Entdeckung Amerikas durch Kolumbus 1492, Import von Pflanzen und Früchten aus der „neuen Welt"

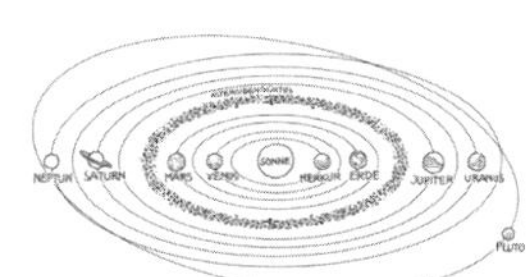

Seite 19:

Jagen und Sammeln – das Leben in der Altsteinzeit
Jäger:

- Rolle/Tätigkeit: Finden, Jagen und Erlegen von Tieren
- Beute: Mammute, Füchse, Rentiere und Wild
- Werkzeug: angespitzte Speere und Faustkeil
- Vorgehen bei der Jagd: beobachten, auf Signal (Aneinanderschlagen von Steinen) mit Speeren angreifen, mit Keulenschlag töten, gemeinsam ins Lager bringen, ausnehmen
- Jagd und Jahreszeit: im Winter schwieriger, da Tiere nicht grasen

- Verwertung: Fleisch → Nahrung, Stoßzähne → Werkzeuge und Waffen, Fell → Kleidung und Decken, Haut → Leder, Knochen → Keulen, Sehnen → Nähgarn, Darm → Beutel und Behälter)

Sammler:
- Rolle/Tätigkeit: Sammeln von Essbarem in der Natur
- Ausbeute: Früchte/Beeren, Pilze, Nüsse, Holz, Eidechsen, Schnecken, Insekten
- Bedeutung des Feuers: unverzichtbar, Zubereiter für Nahrung, Spender von Licht/Wärme, Waffe, Schutz vor wilden Tieren
- Wissen über die Natur: Wissen über wohlschmeckende/nichtschmeckende und giftige Nahrung
- Sammeln und Jahreszeit: im Winter keine Blätter, keine Früchte, keine Erträge
- Verwertung: Nahrung, Feuerholz
- Werkzeug: Hände

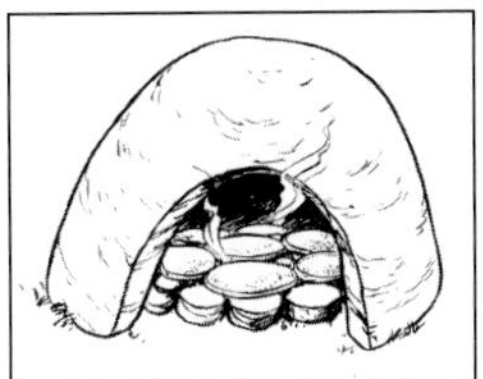
4

5

2

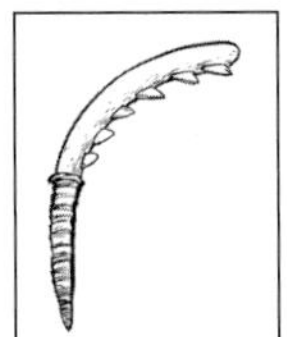
3

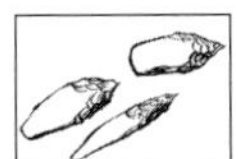
6

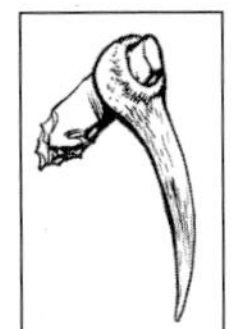
1

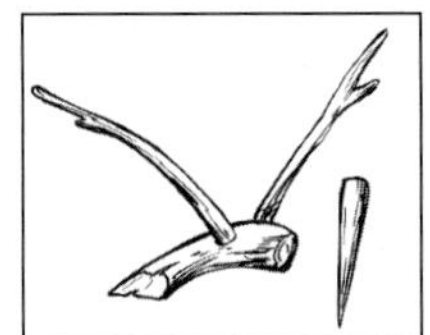
8

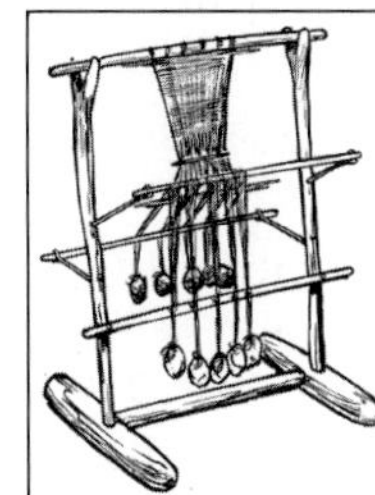
7

Seite 26:

Die Eiszeit und ihre Folgen: Menschen passen sich der Kälte an → Rückzug in Höhlen, Nutzung Tierfelle, Feuer; keine Beeren/Früchte mehr → vermehrtes Jagen und Nomadenleben; Aussterben vieler Tiere (Ende Eiszeit) → Ansiedeln vieler Tiere in Wäldern (Wildschwein, Hirsch) → Mensch passt Jagdmethoden an, Pfeil und Bogen, Steinspitzen („Mittelsteinzeit")
Viehzucht und Ackerbau: Menschen lernen dazu und melken nun Tiere, verarbeiten Fell und Wolle, nutzen Tiere zum Transport → nicht mehr nur Fleischlieferant → Haltung von Tieren und Vermehrung, Tiergehege werden angelegt, Tiere gefüttert und gepflegt; verstärkt Vorratshaltung → Felder werden bewirtschaftet, Getreide in Erdgruben gelagert; Berufsgruppe der Bauern entsteht; Überleben immer mehr gesichert: feste Häuser, Vorräte, Wege
Dörfer entstehen – die Menschen werden sesshaft: wegen Vorratshaltung Beendigung des Nomadenlebens, Sesshaftigkeit → Menschen bleiben als Bauern und Tierhalter an festem Ort, Hausbau mit Lehm, Stroh und Holz; Menschen leben und schlafen gemeinsam in Häusern, dort auch Aufbewahrung von Getreide; Rodung für Siedlungsbau und Wege, Brunnen wurden angelegt
Erfindungen in der Jungsteinzeit: durch Ausprobieren entwickeln sich Handwerke; Bauern ernten Lebensmittel, Handwerker liefern Werkzeug → verschiedene Fachgebiete bilden sich heraus; neue Werkzeuge erleichtern die Arbeit (Steinbeil, Hacke, Sichel, Steine zum Mahlen, Ofen, Schalen aus Ton, Webstuhl und Pflug)

Seite 31:

Arbeiter/Erzeuger:
- Utensilien bei der Metallverarbeitung: Steine mit Erzen, kaltes Wasser, Feuer, Hacke, Steine zum Zerkleinern/Mahlen, lange Rohre/„Blasebälge" (Feuer Sauerstoff zuführen), Schale, Formen zum Gießen
- Erzeugnisse aus Metall: Waffen für den Kampf, Arbeitsgeräte für Bauern, Dinge des alltäglichen Lebens wie Essbesteck oder Schmuck
- Arbeitsplatz: Bergwerk, meist in einer Höhle, unterirdisch, viel Hitze durch das Feuer
- Verletzungsgefahr: hoch, flüssiges Metall kann schlimme Verletzungen verursachen, Gefahr der Arbeitsunfähigkeit

Abnehmer/Händler:
- Handel mit Metallen: Händler erwarben Metallerzeugnisse am Bergwerk, tauschten diese in weiten Teilen des Landes gegen andere Dinge ein.
- Verteilung der Bergwerke: Verteilung der Bergwerke sehr ungleich, weite Teile des Landes ohne eigene Bergwerke → große Nachfrage nach Erzeugnissen aus Metall

Seite 40:

Lage und Bedeutung des Nils: Nil ist längster Fluss der Erde (1 500 km durch Ägypten), Nildelta in Unterägypten mündet in Mittelmeer; Nil gewährleistet fruchtbaren Boden ➔ Ägypter machten sich das Land um den Nil 5000 v. Chr. zunutze (Ackerland); Vorteile des Nils: Verschiffung/Schiffsverkehr, Bewässerung des Landes, Trinkwasserquelle für Vieh, Versorgung der Bevölkerung durch Anbau von Nahrungsmitteln
Wirtschaft am Nil/Neue Aufgaben und Tätigkeiten: Nil brachte Vorteile und Nachteile wie Katastrophen (v. a. Überschwemmungen) ➔ Hungersnot, wenn keine Ernte ➔ „Vorratswirtschaft" entstand: Entwicklung von Selbstversorgern hin zu organisierten Bauern mit unterschiedlichen Aufgaben ➔ neue Berufe: Kanal- und Dammbau, Bau von Schöpfrädern; Beruf Schreiber ➔ Kontrolle der Ernte und Abgaben, Festsetzung der Steuern; Beruf oberster Scheunenverwalter ➔ Lagerung der Ernte für Notfälle; Anlegung von Bewässerungsgräben für Bewässerung in Trockenzeit; Beruf Feldvermesser ➔ nach Nilschwelle Neueinteilung der Felder, Vermessung und Zuteilung an Bauern
Das Niljahr: Vorbereitung auf Nilschwelle wegen Überschwemmung ➔ Bestimmung dessen mithilfe des Sternenhimmels: Stern Sirius am Morgen, Übertreten des Nils, Beginn des Niljahres ➔ 365 Tage und fünf Zusatztage, zwölf Monate; Niljahr: „Schemu" (Trockenzeit und Ernte) von März bis Juli, „Achet" (Überschwemmung) von Juli bis Oktober, „Peret" (Aussaat) von November bis März
Entstehung des Staates: in Beni Hasan anders als in Sile, obwohl beides in Ägypten: in Beni Hasan bereits fruchtbarer Boden durch Nil ➔ Ernte ➔ Organisation durch Menschen und deren Arbeit ➔ Dörfer werden zu großen Gemeinschaften, einer übernimmt dabei eine Führungsrolle;
Zukunft: Regierung Ägyptens von Alexandria aus (ca. 3200 v. Chr.)
Heute: 99 % der Bevölkerung leben in der Nähe des Nils ➔ Nil wird „Lebensader Ägyptens" genannt

---

Seite 44:

Mögliche Struktur des Marktplatz-Interviews:

I: Wie sieht der Pharao aus?
E: Kopftuch (am Hinterkopf gebunden), Symbole Schlangengöttin und Geiergöttin an der Stirn, künstlicher Bart, Krummstab und Geißel in Händen (Ausdruck von Macht)
I: Wie viel Macht hat der Pharao?
E: Viel Macht: ordnet Felderbestellung an, verteilt alle Aufgaben (Bau von Schiffen, Tempeln usw.); gibt an, welcher Anteil der Ernte abgegeben werden muss
I: Welchen Pflichten muss der Pharao nachgehen?
E: Einhaltung der Gesetze, Schutz und Verteidigung des Landes, Herstellen der „Maat" (Gerechtigkeit, Ordnung)
I: Wie/als was sieht die Bevölkerung den Pharao?
E: Bewunderung: von Göttern in das Amt berufen; Ägypten geht es gut, solange der Pharao auf die Wünsche des Volkes eingeht ➔ Ägypten geht es schlecht, wenn er das nicht tut (Dürre, Hunger)
I: Wie lässt sich die Rangordnung im Staat beschreiben?
E: Pharao an der Spitze des Staates; darunter oberster Beamter (Wesir), der Feldmessung und Steuerzahlungen kontrolliert; darunter hohe Beamte und einfache Beamte (Schreiber), die vom Wesir Befehle des Pharaos erhalten; auf unterster Ebene Diener, Händler, Arbeiter, Soldaten, Handwerker und Bauern

---

Seite 48:

Mögliche Struktur des Marktplatz-Interviews:

I: Wie ist das Haus deiner Familie aufgebaut?
E: Haus mit Innenhof, Speisezimmer, Frauengemach
I: Wer gehört alles zu deiner Familie, Astèrios?
E: Frau, drei Kinder, außerdem leben noch zwei Sklaven im Haus
I: Was kannst du uns über die im Haus lebenden Sklaven erzählen?
E: Auf Sklavenmarkt gekauft, durch Verschuldung versklavt, gutes Leben als „Haussklaven", neben Befehlen keine weiteren Gespräche
I: Welche Rolle spielt die Frau in der Gesellschaft/in der Familie?
E: In der Gesellschaft: keine Rechte (darf das Haus nicht alleine verlassen, darf nicht wählen); in der Familie: Kinder gebären, Erziehung, Haushalt (falls keine Sklaven vorhanden)
I: Womit beschäftigt sich der Hausherr?
E: Freunde im Speisezimmer empfangen: Wein trinken, gemeinsam speisen, über Politik und den Tag reden
I: Mit welchen Problemen müsst ihr euch auseinandersetzen?
E: Hausmauern sind morsch, „Mauerdurchstoßer", Fenster ohne Glas, im Winter sehr kalt, keine Kanalisation, Krankheiten

Seite 53:

Griechische Götterwelt (Rolle Hermes)

- Artemis: Göttin der Jagd, Beschützerin wilder Tiere, Frauen und Kinder, hat Pfeil und Bogen
- Apollon: Zwillingsbruder von Artemis, Gott der Musik, der Dichtung und des Heilens
- Hestia: Göttin des Herdfeuers und Beschützerin der Familien
- Athene: Göttin der Weisheit und der Strategie des Kampfes, ist Zeus' Lieblingstochter
- Aphrodite: Göttin der Schönheit und Liebe, Erkennungsmerkmal Spiegel, hat langes blondes Haar
- Hephaistos: Ehemann von Aphrodite, Schmiedearbeiten am Feuer, Erkennungsmerkmal Fackel
- Demeter: Göttin des Frühlings, Erkennungsmerkmal Saat und Getreide
- Poseidon: Gott des Meeres, lebt im Meer, wacht über Erdbeben und Pferde, Erkennungsmerkmal Dreizack
- Ares: Gott des Krieges, Rüstung mit Schild und Schwert, brennende Fackel
- Hera: Frau des Zeus

Olympische Spiele (Rolle Zeus)

- Wo & Wann: 776 v. Chr., die ersten Olympischen Spiele in Olympia, initiiert von den Menschen
- Wieso: um Götter zu ehren
- Vorbereitungen: Boten ziehen Monate vorher durch das Land, um griechische Männer anzuwerben; „Gottesfrieden" wird verkündet: keine Kämpfe mehr, damit man sich während der Spiele sicher fühlt; Männer reisen rund 30 Tage nach Olympia an, trainieren hart
- Sinn/Hintergedanken: stärkeres Zusammengehörigkeitsgefühl, gemeinsame Opfer und gemeinsames Beten, neue Menschen kennen und schätzen lernen
- Disziplinen: Ringen, Boxen, Laufen, Weitsprung, Rennen mit Pferden und Wagen

---

Seite 57:

Mögliche Struktur des Marktplatz-Interviews:

I: Wie sind die Wohnverhältnisse armer Römer?
E: Leben in „Mietskasernen": Zimmer müssen mit Fremden geteilt werden, teure Miete
I: Wie sind die Wohnverhältnisse reicher Römer?
E: Wohnen in „Stadtvillen": jeweils nur eine Familie inklusive Angestellte
I: Wie ist ein typisches Mietshaus aufgebaut?
E: Mehrstöckig: je höher das Stockwerk, desto billiger die Miete, keine Heizmöglichkeiten oder heißes Wasser, kalt und ungemütlich, selbst kochen ist im Zimmer wegen Brandgefahr verboten, im Erdgeschoss sind kleine Läden von Verkäufern, Kneipen und Werkstätten untergebracht.
I: Wie ist eine römische Stadtvilla aufgebaut?
E: Ähnlich einem Tempel: aus Marmor, man muss keine Räume mit Fremden teilen, kann dort kochen/kochen lassen (immer warme Mahlzeit), heißes Wasser vorhanden, beheizt
I: Was ist eine römische Therme?
E: Öffentliches Bad: in jeder römischen Stadt mindestens eine Therme, Ort der Reinlichkeit, Treffpunkt für geschäftliche Besprechungen

---

Seite 59 ff.:

Die Rolle des Senats: Senat ist ältestes Regierungsorgan, übersetzt „Rat der Ältesten", setzt sich aus Oberhäuptern der Adelsfamilien zusammen; insgesamt 300 Mitglieder, Anwesenheit von einem Drittel bindend, um beschlussfähig zu sein; Entscheidungen des Senats waren „unantastbar" und bestimmten die Politik; Aufgabenbereiche: Gesetze/Beschlüsse vorbereiten, Abstimmen über Krieg und Frieden, Beratung der obersten Heeresführer (Konsuln); Aufgaben waren nicht schriftlich fixiert; Sitzungen fanden v. a. in der „Curia Hostilia" statt; äußere Merkmale der Senatoren: helle Tunika mit rotem Streifen, goldener Siegelring

Die Patrizier: Patrizier bedeutet übersetzt „römischer Adel", waren wohlhabend (viel Land!) und daher mächtig, besetzten wichtige Staatsämter, stellten Offiziere im Krieg, leiteten Tempel; Sklaven arbeiteten für sie, sie mussten daher keine körperliche Arbeit verrichten (→ viel Zeit und Geld); bestimmte Ämter waren nur für Patrizier vorgesehen (z. B. Senatsvorsitzende); Ehen zwischen Patriziern und den armen Plebejern waren verboten („Mischehen"); im Vergleich zu den Plebejern hatten die Patrizier mehr Stimmen und durften auch als Erste abstimmen (obwohl sie in der Minderheit waren)

Die Plebejer: „einfaches Volk", sehr arm; arbeiteten als Bauern oder Handwerker, konnten sich nur wenig leisten; niedriges Ansehen in der Gesellschaft, Ehen mit den Patriziern waren ihnen verboten („Mischehen"); Plebejer mussten im Krieg kämpfen und für die Waffen selbst zahlen. Etwas reichere Plebejer konnten als „Ritter" Kriegsdienst zu Pferde ableisten; durch Kriegsdienst verarmten viele Plebejer, da sie nicht mehr arbeiten konnten und wurden dann versklavt/gekauft; geringes Ansehen, waren aber wichtig für Rom (arbeiteten, führten Krieg); Plebejer forderten ihre Rechte ein, weigerten sich, Kriegsdienst auszuführen (Kampf von ca. 200 Jahren); Zugeständnisse: Amt des „Volkstribunen" nur für Plebejer, Vetorecht („ich verbiete") wird eingeführt; äußere Merkmale: einfache, kurze Toga, kein Schmuck, keine Tunika

Die Verfassung der römischen Republik: Staat der Römer = „res publica" (Republik); Staat ist eine öffentliche Sache, Angelegenheit aller; Volk ist die höchste Gewalt, allerdings war die Macht im alten Rom sehr ungleich verteilt: Kinder, Frauen, Sklaven hatten keine Bürgerrechte, durften nicht mitbestimmen; erwachsene Männer durften Volksversammlung beiwohnen; bei Wahlen hatten Patrizier mehr Stimmen und das Vorrecht bei der Abstimmung; die Spitze des Staates bildeten die beiden Konsuln; „Vetorecht" räumte den Plebejern schließlich mehr Rechte ein; Rom war keine wirkliche Republik, nicht das ganze Volk durfte mitbestimmen

---

Seite 67:

Mögliche Struktur des Marktplatz-Interviews:

I: Wer war Gaius Julius Caesar?
E: Diktator und somit oberster Herrscher des Römischen Reiches
I: Wie war Caesars Stellung im Römischen Reich?
E: Bei Senatoren weniger beliebt, da er das alleinige Sagen haben wollte und als Diktator auch hatte; im Volk recht angesehen (beliebte Wagenrennen, Gladiatorenkämpfe, wohltätige Aktionen, Geldspenden); teils auch hier Ablehnung des alleinigen Herrschens
I: Wann wurde Caesar ermordet?
E: Am Morgen des 15.03.44 v. Chr.
I: Wer ermordete Caesar?
E: Eine Gruppe von Senatoren, darunter auch Brutus (Vertrauter Caesars) und Gaius Cassius
I: Wie wurde Caesar umgebracht?
E: Er wurde erdolcht.
I: Wo wurde Caesar getötet?
E: Auf seinem gewohnten Platz im Pompeiustheater in Rom
I: Wieso wurde er ermordet?
E: Verhinderung der weiteren Alleinherrschaft, Auflehnung gegen Schwächung der Senatoren
I: Wie war die Situation nach Caesars Tod?
E: Verbrennung der Leiche durch das Volk (Einäscherung, öffentlich), Cassius und Brutus verlassen Rom einen Monat später, werden nicht als Helden gefeiert

---

Seite 71:

Mögliche Struktur des Marktplatz-Interviews:

I: Wann ging das Römische Reich unter?
E: Beginn 375 n. Chr. (mit Völkerwanderung), „Stichtag" am 24. August 410 n. Chr.: Eindringen der Westgoten in das Imperium Romanum
I: Wieso ging das Römische Reich unter?
E: Völkerwanderung verursachte, dass Westgoten nach Rom eindrangen, Auslöser: Bevölkerungszunahme, schlechte Ernte, verändertes Klima, Überschwemmungen, Flucht vor den Hunnen
I: Wer war für den Untergang des Römischen Reiches verantwortlich?
E: Volk der Hunnen, das Angst und Schrecken verbreitete, neue Orte besiedelte, Westgoten, die vor den Hunnen flohen und nach Rom eindrangen
I: Was weißt du über die Teilung Roms?
E: 395 n. Chr., Teilung in West- und Ostreich, man wollte es so besser verteidigen
I: Wie entwickelte sich das Ostreich?
E: Ostreich wurde noch lange Zeit von römischem Kaiser regiert (bis 1453 n. Chr.), Byzanz als Hauptstadt
I: Wie entwickelte sich das Westreich?
E: Westreich wurde von Germanen besiedelt, die viele verschiedene Stämme gründeten; letzter weströmischer Kaiser wurde von dem Germanen Odoaker 476 n. Chr. abgesetzt

2 Griechische Götterwelt – am Tisch des Zeus: Du bist Zeus!

1 Jeder von euch schlüpft in die Rolle des griechischen Gottes Zeus, dem Oberhaupt der restlichen Götter, der gemeinsam mit diesen auf dem Olymp lebt. Damit ihr versteht, wer ihr seid, lest euch die Erzählung durch.

2 Tauscht euch im Anschluss daran im Team aus, indem ihr zu den unten abgedruckten Stichwörtern eure Leseerfahrungen miteinander teilt.

3 Bereitet das Rollenspiel vor – ihr habt den Rest der Stunde dafür Zeit. Jeder von euch sollte die Rolle des Zeus vor der Klasse spielen können.

Du bist Zeus, der griechische Göttervater. Du hast gerade Hermes losgeschickt, seine restlichen Brüder und Schwestern zu dir und deiner Frau Hera zu bringen, da du ihnen von einer Neuheit berichten willst. Im aktuellen Jahr (776 v. Chr.) haben die Menschen eine Idee entwickelt, um dich und deine Göttersöhne und -töchter zu ehren. Sie nennen sie die „Olympischen Spiele". Schon während der letzten Monate konntest du Boten durch das Land ziehen sehen, die junge Griechen anwarben, um die Spiele auszutragen. Damit verbunden wurde der „Gottesfrieden" verkündet. Niemand durfte dementsprechend kämpfen, da während der Spiele absolute Sicherheit herrschen sollte. Du musst darüber schmunzeln – können es die Menschen auf der Erde wirklich schaffen, zumindest für eine gewisse Zeit in Frieden zu leben? Du hast schon zu viele Kriege gesehen, um fest daran zu glauben. Aber der Hintergedanke, den die Menschen dabei hatten, findest du gut: Die Spiele sollen das Zusammengehörigkeitsgefühl stärken, man will gemeinsam Opfer bringen und beten, neue Menschen kennen und schätzen lernen.
Vom Olymp aus kannst du sehen, wie die Vorbereitungen verlaufen – rund 30 Tage vor Beginn der Spiele reisen viele junge Männer an, trainieren in den Disziplinen Ringen, Boxen, Laufen, Weitsprung, beziehen Pferde und Wagen mit in die Wettkämpfe ein und machen Olympia zu einem besonderen Ort.
Aber nicht nur die jungen Kämpfer, die für die Teilnahme große Opfer bringen, sondern auch die zahlreichen Zuschauer kommen nach Olympia, um das Spektakel mit anzusehen und um dich zu ehren. Das schmeichelt dir sehr.

Tauscht euch aus über ...

... Wo? Wann?

... Wieso?

... Disziplinen

... Sinn/Hintergedanken

... Vorbereitungen

Gruppenpuzzle

Ziele

- Mehrere Perspektiven und Lösungsmöglichkeiten werden in der Gruppe besprochen.
- Die Schüler helfen sich gegenseitig, was eine sinnvolle Differenzierung ermöglicht.
- Die Lehrkraft tritt in den Hintergrund, das eigenständige Erarbeiten und Organisieren in einer Gruppe wird gefördert.
- Die Motivation der Schüler wird gesteigert.
- Die Schüler werden im Argumentieren und Kommunizieren geschult. Es entstehen Redeanlässe.

Voraussetzungen

- Die Schüler sollen die Methoden der Partner- und Gruppenarbeit kennen.
- Die Schüler sollten es gewohnt sein, selbstverantwortlich und selbstständig zu arbeiten.

Vorgehensweise

Es werden zunächst verschiedene Stammgruppen gebildet. In jeder Stammgruppe sitzen ca. 3 bis 6 Schüler. Optimal wäre es, wenn es x verschiedene Arbeitsaufträge gäbe und daher auch x Schüler eine Stammgruppe bilden. Jedes Mitglied der Stammgruppe erhält einen anderen Arbeitsauftrag. Anschließend werden sogenannte Expertengruppen gebildet. In jeder Expertengruppe sitzen nur Schüler, die zuvor den gleichen Arbeitsauftrag erhalten haben. Jeder Schüler liest zunächst alleine seinen Arbeitsauftrag und macht sich erste Gedanken zur Lösung.
In den Expertengruppen werden gemeinsam die Erkenntnisse der vorherigen Einzelarbeitsphase verglichen, gegebenenfalls verbessert und ergänzt. Bevor jeder Schüler zurück in seine ursprüngliche Stammgruppe geht, macht man sich in der Expertengruppe Gedanken, wie die Lösung anschließend präsentiert werden soll.
Wieder zurück in der Stammgruppe, stellt jeder Schüler die Ergebnisse seiner Expertengruppe vor.

Veranschaulichung

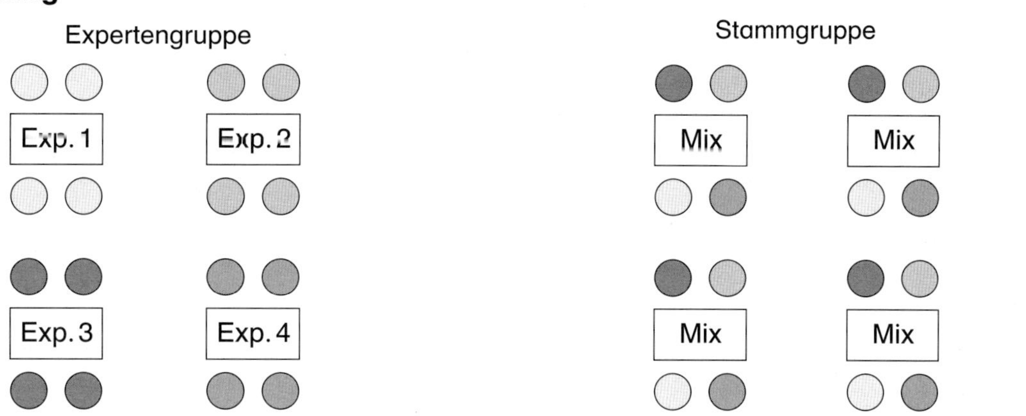

Hier werden die Experten ausgebildet

Die Stammgruppe: Jeder lernt von jedem

Hinweise/Tipps zur Durchführung

- Die Anzahl der Gruppen wird oft durch die Klassengröße und die Anzahl der verschiedenen Aufgaben bestimmt. Manchmal können allerdings auch mehrere Expertengruppen das gleiche Thema bearbeiten.
- Die Gruppenzusammenstellung kann nach dem Zufallsprinzip erfolgen. Die Lehrkraft kann diese aber auch bestimmen (z. B. nach Interesse oder Leistungsfähigkeiten der einzelnen Schüler). Dabei können sowohl leistungshomogene als auch leistungsheterogene Gruppen gebildet werden.

Marktplatz-Interview

Ziele

- Die Schüler versetzen sich in eine Rolle.
- Fragestellungen werden gezielt formuliert und gestellt.
- Texten werden wichtige Informationen entnommen.
- Die Schüler tauschen sich verbal aus und gelangen dabei an weitere Informationen.

Voraussetzungen

- Die Schüler sollten das Arbeiten in Gruppen gewohnt sein und Regeln für eine funktionierende Zusammenarbeit kennen.
- Akustische Signale für Stille bzw. Unterbrechung der Arbeitsphase sollten etabliert sein.

Vorgehensweise

Die Schüler bereiten sich in Gruppen auf eine der nachfolgenden (fiktiven) Rollen vor. Dabei ist es denkbar, zwischen den Rollen Differenzierungsstufen gezielt einzubauen (z. B. leistungsstärkere Schüler übernehmen die Rolle des Experten, leistungsschwächere die Rolle des Interviewers).
Die Schüler, die die Rolle des Interviewers übernehmen, erhalten ein Arbeitsblatt mit einer kurzen Einführung und wichtigen Stichwörtern, um passende Fragen zu formulieren. Der Unterschied zwischen Ergänzungsfragen („gute“ Fragen) und Entscheidungsfragen („schlechte“ Fragen) wird ebenfalls aufgezeigt.
Die Schüler, die die komplexere Rolle des Experten übernehmen, erhalten ein Arbeitsblatt mit einer kurzen Einführung in die Rolle und entsprechende Texte, denen sie Informationen entnehmen können.
Nachdem die Gruppen sich auf eine der beiden Rollen im Kollektiv vorbereitet haben, wird die Marktplatz-Situation geschaffen, indem sich die Schüler frei durch den Raum bewegen und einen Partner auswählen, der die jeweils andere Rolle „einstudiert“ hat. Anschließend führen sie das vorbereitete Interview.
Beide Interviewpartner halten sowohl die Interviewfragen, als auch die Antworten auf dem Protokollbogen fest. Die Sicherung erfolgt im Plenum.

Veranschaulichung

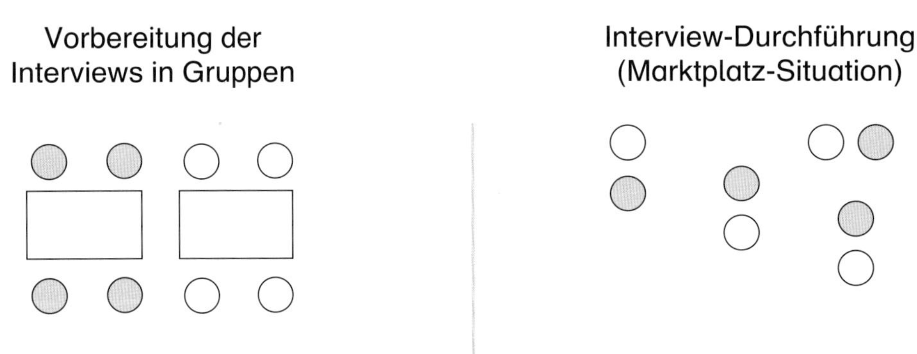

Hinweise/Tipps zur Durchführung

- Aufgrund der Differenzierung bei den Materialien, sollten Sie die Gruppen homogen bilden, d. h. leistungsstärkere und leistungsschwächere Schüler bilden jeweils eine Gruppe.
- Die Vereinbarung, sich während der Marktplatz-Situation nur im „Flüsterton“ zu verständigen, hilft, die Lautstärke im Klassenraum zu kontrollieren.

Placemat

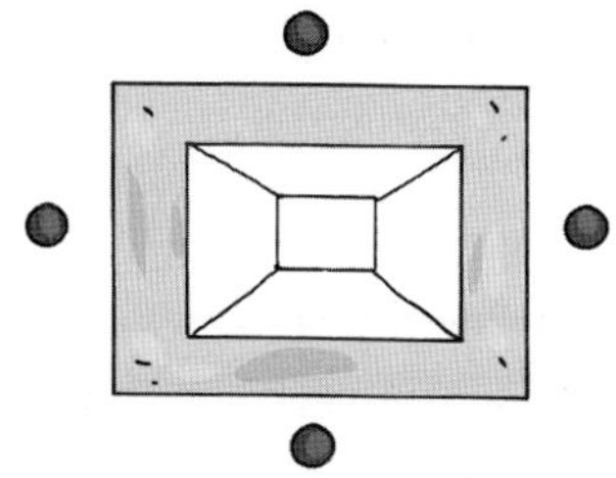

Ziele

- Der Anteil echter Lernzeit wird erhöht.
- Die Schüler erhalten die Möglichkeiten, eigene Schwierigkeiten zu erkennen und der Hilfe anderer zu beheben.
- Eigene Ideen können entstehen und gemeinsam weiterentwickelt werden.
- Es werden soziale Kompetenzen bei den Schülern aufgebaut bzw. erweitert.
- Wichtige Schlüsselqualifikationen für das bevorstehende Berufsleben werden vermittelt (Teamfähigkeit, Rücksichtnahme...).
- Die Schüler werden im Argumentieren und Kommunizieren geschult. Es entstehen Redeanlässe.
- Mehrere Perspektiven und Lösungsmöglichkeiten werden gemeinsam besprochen.
- Die Schüler helfen sich gegenseitig, was eine sinnvolle Differenzierung ermöglicht.

Voraussetzung

Die Schüler sollten sozial in der Lage sein, mit anderen in Gruppen zusammenzuarbeiten und mit diesen in Dialog zu treten. Ideen der Mitschüler müssen akzeptiert werden. Vorteilhaft wäre das Beherrschen von Gesprächsregeln in Gruppenarbeitsphasen.

Vorgehensweise

Die Schüler gehen in (4er-)Gruppen zusammen und setzen sich um einen Tisch. In der Mitte des Tisches liegt ein vorbereitetes Plakat, das in 5 Sektoren unterteilt ist (siehe unten).
Jeder Schüler erhält so einen eigenen Sektor, in den er seine Ideen, Anregungen und Vorschläge notieren kann. Zu einem vorgegebenen Problem oder einer Fragestellung notiert nun jeder für sich seine Antworten oder Einfälle.
Nach Ablauf einer vorgegebenen Zeit stellt jeder seine Ergebnisse vor und in der Gruppe einigt man sich auf ein gemeinsames weiteres Vorgehen.
Das aus den Einzelvorschlägen entwickelte Gruppenergebnis wird in der Mitte des Plakats festgehalten und für die Weiterarbeit genutzt oder im Plenum präsentiert.

Veranschaulichung

Folgende Grafik zeigt die Aufteilung des Gruppenplakats:

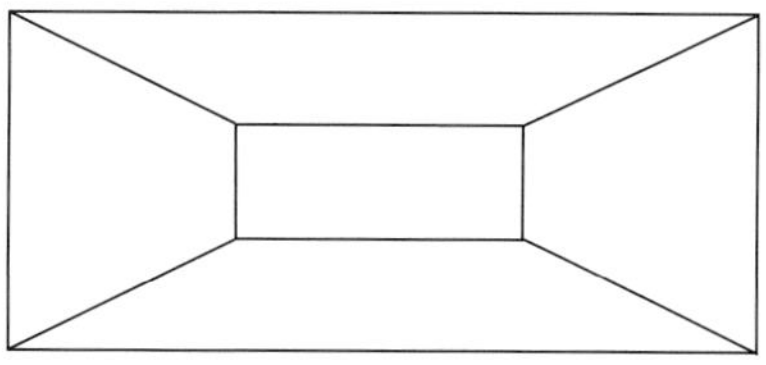

Hinweise/Tipps zur Durchführung

- Das Plakat sollte zu Beginn der Arbeitsphase schon vorbereitet griffbereit sein. Bei regelmäßiger Durchführung ist es auch möglich, die Herstellung frühzeitig (am Vortag) in Schülerhände zu geben, da erfahrungsgemäß sorgfältiger mit den Materialien umgegangen wird, wenn sie von Mitschülern hergestellt wurden.
- Auf eine gut leserliche Schrift im Mittelfeld sollte hingewiesen werden, um auch später mit den Ergebnissen arbeiten zu können.

Rollenspiel

Ziele

- Dem Schüler werden fremde Perspektiven deutlich (Steigerung der Empathiefähigkeit). Die Schüler handeln dabei nur in ihrer Rolle, d. h. auch Konfliktsituationen werden im „geschützten Raum“ dargestellt.
- Die Methode übt auch in Konfliktsituationen den friedlichen Umgang miteinander.
- Experimentierfreude, Kreativität und Lust am Sprechen werden gefördert, ebenso Flexibilität, Kommunikationsfähigkeit und Offenheit.
- Das Rollenspiel ist der szenischen Interpretation sehr ähnlich. Während bei der szenischen Interpretation jedoch das Textverständnis das eigentliche Ziel ist, wird das Rollenspiel genutzt, um Situationen „im straffreien Raum“ auszuprobieren.
- Soziale Kompetenzen werden dadurch geschult.

Voraussetzungen

- Die Schüler sollten die Bereitschaft besitzen, sich auf ein Rollenspiel einzulassen (wird mit zunehmendem Alter schwieriger).
- Die Ernsthaftigkeit der Methode wird von den Schülern wahrgenommen.

Vorgehensweise

Die Schüler „schlüpfen in die Haut“ einer anderen Person und gestalten in spielerischer Art und Weise eine vom Lehrer vorgegebene Situation vor der Klasse. Die Rolle kann konkret vorgegeben oder von den Schülern eigenständig mit Inhalt gefüllt werden.
Die Methode besteht aus folgenden Phasen:

- Vorbereitungsphase
  Die Schüler müssen sich mit der einzunehmenden Rolle bzw. mit den verschiedenen Positionen beschäftigt haben.
- Das eigentliche Spiel
  Zwei oder mehr Schüler stellen die vorher festgelegten Positionen bzw. Personen dar. Gegebenenfalls sind für die Zuschauer geeignete Beobachtungsaufgaben festzulegen.
- Abschlussbesprechung
  Verschiedene Fragestellungen sollten ausgetauscht werden (Was hat dir gefallen? Wie glaubwürdig wurden die Rollen dargestellt? Was ist dir inhaltlich aufgefallen? Gibt es Verbesserungsvorschläge? ...).

Hinweise/Tipps zur Durchführung

- Wichtig ist, die genaue Spieldauer festzulegen (nicht zu lange, da sonst kontraproduktiv).
- Sollte ein Rollenspiel in eine nicht intendierte Richtung verlaufen, muss die Lehrkraft gegebenenfalls regulierend eingreifen.
- Der jeweilige Schüler muss vor der Abschlussbesprechung wieder aus seiner Rolle herausgeholt werden. Jetzt spricht jeder Schüler wieder für seine Person und nicht für die vorher dargestellte.